aufbau taschenbuch

AUFBAU VERLAGSGRUPPE

Die überarbeitete und erweiterte Neuausgabe der »Dinge, die wir vermissen werden« listet jene vom Vergessen bedrohten Gegenstände und Gebräuche auf, die bis vor wenigen Jahren noch zu unserem Alltag gehörten und die nun auf dem Rückzug sind: die staubenden Kohlebriketts, die lärmende Großfamilie und – nicht zu vergessen – den echten Kerl. Denn wie man einen Computer bedient und was eine SMS ist, weiß heute jedes Kind. Aber wer wird seine Liebesbriefe noch mit der Hand schreiben oder sie womöglich mit Parfum besprühen? In kurzen und charmanten Geschichten erzählt Frank Quilitzsch, wie sich mit dem Wandel der Liebespost vom Büttenpapier zur SMS auch die Rituale des Verliebtseins verändert haben, worin die Reize einer Schreibmaschine namens Erika bestanden und was uns fehlt, wenn die Erinnerung an die kratzenden Strickdessous unserer Kindheit verlorengeht.

FRANK QUILITZSCH, 1957 in Halle geboren, in Moskau aufgewachsen, studierte Germanistik in Jena und war Lektor für deutsche Sprache und Literatur in Syrien und China. Seit 1991 arbeitet er als Kulturredakteur bei der *Thüringischen Landeszeitung* in Weimar. Veröffentlichungen u. a.: »Wie im Westen so auf Erden. Gespräche mit Schriftstellern, Liedermachern, Theaterleuten und Pastoren«, 1998, »Hanoi – Berlin – Nha Trang. Vietnamesische Lebenslinien«, 2002, »Dinge, die wir vermissen werden. Vom Teppichklopfer bis zum Liebesbrief« (Gustav Kiepenheuer Verlag, 2002).

Frank Quilitzsch

Weißt du noch?

Ein Sammelsurium der Dinge,
die wir vermissen

Aufbau Taschenbuch Verlag

Mit 20 Illustrationen von NEL

Das Buch basiert auf der Kolumne »Die Rote Liste«
der *Thüringischen Landeszeitung*. Es handelt sich dabei um
eine überarbeitete und erweiterte Neuausgabe
von »Dinge, die wir vermissen werden«
(Gustav Kiepenheuer Verlag, 2002).

ISBN-10: 3-7466-2304-9
ISBN-13: 978-3-7466-2304-7

1. Auflage 2006
© Aufbau Taschenbuch Verlag GmbH, Berlin 2006
© Gustav Kiepenheuer Verlag GmbH, Leipzig 2002
Umschlaggestaltung Mediabureau Di Stefano, Berlin
unter Verwendung von drei Motiven von getty images
und eines Fotos von Mediabureau Di Stefano
Druck und Binden CPI Moravia Books, Pohorelice
Printed in Czech Republic

www.aufbau-taschenbuch.de

Inhalt

Zungenküsse

Die Mädchen brachten kleine, tagebuchähnliche Alben mit in die Schule und tauschten sie in den Pausen untereinander aus. Jede malte, klebte und schrieb etwas hinein – Ratschläge für den Alltag, Dichterverse und anonyme Spruchweisheiten, auch Selbstgereimtes. Mir wurde zuweilen so ein Band überreicht. Da das Wort Poesie unter uns Jungs als weibisch galt und verpönt war, nannten wir diese Stammbüchlein abschätzig *Pösiealben*. Ich war meist um einen Spruch verlegen, weshalb ich das Pösiealbum mit nach Hause nahm und mir dort den Kopf zerbrach. Fiel mir gar nichts ein, wartete ich, bis ich ein zweites Album bekam und aus dem einen in das andere abschreiben konnte.

Dann mußte ich dreimal innerhalb kurzer Zeit die Schule wechseln, so erweiterte sich mein Sprüchevorrat schnell, und ich entwickelte bei meinen Einträgen eine gewisse Routine. Doch als ich neu in die 8a kam, erlebte ich eine Überraschung. Gleich in der ersten Woche wurden mir zweiundzwanzig Pösiealben zugesteckt – ich befand mich in einer Mädchenklasse, auf jeden Jungen kamen fünf weibliche Wesen. Stärker als Poesie wirkten damals die Hormone. Es war die Zeit, in der wir den Zungenkuß probierten; einige von uns hatten schon, ich noch nicht. Ich hatte mal in der sechsten Klasse mit einem Mädchen im Hausflur geschmust und ihr dabei meine Zunge ins Ohr gesteckt, was mir eine dröhnende Ohrfeige eingebracht hatte. Als ich in der siebten zum ersten Mal ein Mädchen auf den Mund küßte, war bei ihren Lippen Endstation. Ich nahm allen Mut zusammen und schob ihr in der Mathestunde einen Zettel zu: »Liebe Moni, du mußt beim Küssen die Zähne auseinander machen!« Von da an verachtete sie mich. Nun aber war es höchste Zeit, und ich wollte es wissen. Doch mit welchem der zweiundzwanzig Geschöpfe?

Ich legte mir ein Pösiealbum zu, ein zierliches aus hellblauem Kunstleder mit goldenen Ornamenten, und ließ es unter den Mädchen in der Klasse kreisen. Noch vor dem Wochenende erhielt ich es zurück und wertete die Eintragungen aus. Evi schrieb in Schönschrift: »Rosen, Tulpen, Nelken, / alle Blumen welken. / Stahl und Eisen bricht, / aber unsre Freundschaft nicht.« Christiane stand auf Goethe: »Edel sei der Mensch, hilfreich und gut ...« Roswitha forderte, ich solle sein wie das Veilchen im Moose – »so sittsam, bescheiden und rein«. Gabi hatte ein Zitat aus Ostrowskis Roman »Wie der Stahl gehärtet wurde« ausgewählt. Daneben klebte sie einen Sowjetstern, zwei pausbäckige Engel und eine Prinzessin mit Silberstaub im Haar. Sabine beanspruchte in meinem Album eine Doppelseite. Links schrieb sie: »Glück und Glas, / wie leicht bricht das!« Rechts stand in großen Lettern: »DER SOZIALISMUS SIEGT!« Ich blätterte weiter. »Hab ein Lied auf den Lippen, / verlier nie den Mut! / Hab Sonne im Herzen, / und alles wird gut. Deine Klara.« Auf den nächsten Seiten flatterten Putten mit Rosenkörbchen. Die stille Heidrun erstaunte mich mit einem Zitat von Christa Wolf: »Einmal im Leben, zur rechten Zeit, sollte man an Unmögliches geglaubt haben.« Eine Zeichnung vom Froschkönig diente als Illustration. Doch dann kam Susanne – die Fröhlichste und Frechste in der Klasse mißbrauchte mein Pösiealbum für eine kleine Unverschämtheit. Ein Glücksschwein mit einem Kleeblatt an der Speckseite glotzte mich an. Darunter stand: »Der Magen einer Sau, / das Herz einer Frau, / der Inhalt einer Wurscht / bleiben ewig unerforscht.« Nach sorgfältigem Studium aller zweiundzwanzig *Bewerbungen* entschied ich mich für ... Susanne. In der Pause ging ich auf sie zu, und wir verabredeten uns nach dem Unterricht im Schulgarten. Der Rhabarber stand hoch.

Poesiealbum, das: *persönlicher Sammelband, in dem sich Freundinnen, Freunde, Mitschüler, Eltern, Verwandte, Lehrer u. Bekannte per Hand mit kurzen Gedichten, Sinnsprüchen od. Verhaltensregeln verewigen*

Klopfkonzerte live

Ein jegliches hat seine Zeit. Nicht nur Tiere und Pflanzen sterben aus. Auch Gegenstände gehen verloren. Eines Tages sind sie verschwunden, unbemerkt und unwiederbringlich. Gestern hatte man sie noch zur Hand, morgen schon sind sie nicht mal mehr im Kopf. Nehmen wir den Stiefelknecht, der wurde schon zu Urgroßvaters Zeiten aus dem Hausrat entlassen. Oder die Milchkanne – wo klappert sie noch auf dem Weg in den Milchladen? Und wer erinnert sich, wie der Milchmann aussah? War er weiß, hatte er ein Milchgebiß und ein Sahnehäubchen auf dem Kopf? Wie steht es um die Krawattennadel, den Manschettenknopf, die Hosenklammer, die Bartbinde und das Haarnetz? Alles noch in der Kommode? Oder vielleicht doch schon verlegt und verbannt – aus den Augen, aus dem Sinn?

Neulich hörte ich an der Tankstelle ein vertrautes Geräusch. Jemand hatte die verschmutzten Fußmatten aus seinem Auto gezogen und schlug sie gegen ein Metallgeländer. Die Schläge erinnerten mich an unseren Teppichklopfer, *Ausklopfer* genannt. Er kommt im Brockhaus nicht vor. Dafür der Rohrstock, ein bei Schulmeistern beliebtes Instrument zur Züchtigung der Schüler, das heute nur noch in der Literatur, im Film und im Museum vor sich hin pfeift. Allerdings ließ sich auch mit dem auf Teppiche, Läufer und Bettvorleger abgerichteten Ausklopfer der Hintern versohlen. Ich kann das bezeugen, denn ich habe unseren Ausklopfer, der die meiste Zeit an einem Nagel in der Besenkammer hing, zweimal auf meinem Allerwertesten gespürt. Das erste Mal, weil ich meine Mutter angelogen und, um meinen Mittagsschlaf zu verkürzen, den Wecker um eine Stunde vorgestellt hatte. Das zweite Mal, weil ich den Ausklopper versteckt hatte – aber eben nicht gut genug. Auch wenn ich ihn nicht mag, setze ich den Teppichklopfer ganz vorn auf meine *Rote Liste* der vom Vergessen und Verschwinden bedrohten Gegenstände.

Die Älteren unter uns werden sich an ein leichtes, griffiges, federndes Etwas erinnern, knapp einen dreiviertel Meter lang, eine Art Tennisschläger für den Hausgebrauch. Der Ausklopper war strohfarben wie unser Wäschekorb und ebenso kunstvoll geflochten. Da er sich nur im Freien benutzen ließ, rollte mein Vater die zur Reinigung bestimmten Teppiche zusammen, trug oder schleifte sie die Treppe hinunter und wuchtete sie über die Teppichklopfstange im Hof. Teppichklopfstangen hießen die zwischen Bäumen, Sträuchern und Wäschepfählen einbetonierten Vorrichtungen, die sich auch gut zum Turnen und als Fußballtore eigneten. Hing der Teppich endlich im Gleichgewicht, wurde ihm das Fell gegerbt. Mein Vater drosch mit voller Kraft und von beiden Seiten auf ihn ein, bis der Arm erlahmte. Manchmal drohte er schon vorher in der Staubwolke zu ersticken. Die Schläge hallten von Hof zu Hof, denn sie wurden von den Hauswänden zurückgeworfen. Im Winter lagen die Teppiche zum Ausklopfen und Ausbürsten auch im Schnee, der die Schläge dämpfte. Regelmäßig, zumeist am Freitagnachmittag und am Sonnabendvormittag, konnte man im Wohnviertel das Klopfkonzert live verfolgen.

Doch setzte der Fortschritt der Prügelei ein Ende. Der bequemere Bodenstaubsauger wurde erfunden. Die Teppiche brauchten nicht mehr umständlich unter den Möbeln hervorgezogen und in den Hof geschleppt zu werden. Die Säuberung spielte sich nun geräuschvoll in der Wohnung ab und wurde mir übertragen. Ich mußte jeden Freitag alle Zimmer saugen. Bald haßte ich den *Staubsauber*, wie meine Mutter das Gerät nannte, mehr als den Teppichklopfer, denn der Staubsauger raubte mir meine Freizeit. Wenigstens konnte ich mir die Arbeit erleichtern. Wenn das Wohnzimmer an die Reihe kam, legte ich die Schallplatten meiner Eltern auf, öffnete die Hausbar und belohnte mich von Zeit zu Zeit mit einem ordentlichen Schluck. Bald kannte ich alle vorrätigen Wodka-, Weinbrand- und Likörsorten und konnte sämtliche Hits vom *Amiga-Schlagerexpreß* mitsingen: »Rote Lippen soll man küssen«, »Twist im Park« und »Irina, Irina, Irina, deine Augen sind wie Sterne ...« Die Flaschen füllte ich je nach Farbton mit Wasser, Cola und Sirup wieder auf. Meine Eltern hörten den Staubsauger, die Schlager und mein fröhliches Geträller und wunderten sich, daß mir das Staubsaubern plötzlich so großen Spaß machte. Ich wundere mich, daß aus mir kein Alkoholiker geworden ist.

Teppichklopfer, der: *zum Ausklopfen von Teppichen dienendes, meist aus geflochtenem Rohr bestehendes Haushaltsgerät in Form einer durchbrochenen Fläche mit Handgriff*

Das Ende des Einmaleins

Als Schüler wurde ich ein paarmal Klassenbester im Kopfrechnen, doch am Rechenstab war ich eine Null. Vielleicht sollte ich zunächst erklären, was Kopfrechnen ist. In einer Zeit, da der Taschenrechner noch nicht erfunden war, lernten wir das kleine und das große Einmaleins. Zu Beginn mancher Rechenstunde – wir hatten damals tatsächlich *Rechnen* und noch nicht Mathematik – wurde im Klassenzimmer ein Wettbewerb veranstaltet. Jeweils zwei Schüler mußten gegeneinander antreten, und wer als erster das richtige Ergebnis heraustrompetete, blieb im Rennen und durfte eine Bank weiter rücken. »144! 361! 169! 441!« brüllte ich. Ich saß ganz hinten rechts, und wenn ich einen guten Tag erwischt hatte, wanderte ich durch die ganze Klasse. Vorn links angekommen, empfing ich das Lob meiner Lehrerin, Frau K. Ein paar Jahre später zogen Tafelwerk und Rechenstab in den Unterricht ein, und ich versagte.

An den Rechenstab – oder besser Rechenschieber – erinnere ich mich, weil ich ihn dauernd vergaß. Ich konnte mit ihm nicht umgehen, aber ich habe ihn bewundert. Es gab Rechenschieber aus Metall und solche aus Plast. Meiner schimmerte wie Elfenbein. Er bestand aus mehreren gegeneinander verschiebbaren Skalen und funktionierte rein mechanisch. Um zwei Zahlen miteinander zu multiplizieren oder eine durch eine andere zu dividieren, mußte die Schiene zwischen den beiden Schenkeln bewegt werden. Doch in welche Richtung und bis zu welcher Stelle? Und wo las man das Ergebnis ab? Ich schob und schob und gelangte zu immer merkwürdigeren Resultaten.

Das Einmaleins schien außer Kraft gesetzt. 5 mal 5 war plötzlich 2,23. Die Wurzel aus 9 gleich 81. Und egal, wie oft ich ein

und dieselbe Zahl mit Pi multiplizierte, ich bekam jedesmal etwas anderes heraus. In der Oberstufe schrieben wir Rechenschieber-Klassenarbeiten, und diejenigen, die beim Kopfrechnen nicht vom Fleck gekommen waren, schoben jetzt an mir vorbei, als wäre ich ein mathematischer Analphabet. Verzweifelt versuchte ich gegenzuhalten, überschlug fieberhaft im Kopf, rechnete auf einem Schmierzettel, doch ich schaffte es nicht, alle Aufgaben in der vorgegebenen Zeit zu lösen. Mein Mathelehrer, Herr L., betrachtete den halbleeren Zettel, runzelte die Stirn und empfahl mir Nachhilfestunden im Rechenschieben.

Rechenschieben! Das Wort erinnert mich an die Verkäuferinnen im *Russenmagazin*, die, statt die Warenpreise in eine Registrierkasse einzutippen, kleine rote Kugeln schoben. Das ging atemberaubend flink, manchmal flogen die Kugeln hin und her, daß es nur so klackte. Die Rechenkugeln waren auf Metallstäben aufgereiht, ich habe nie begriffen, nach welchem Dezimalsystem. Mit dieser in allen Garnisons-Verkaufsstellen der Roten Armee anzutreffenden Grundrechenmaschine ließ sich bestimmt kein *Sojus*-Raumschiff steuern, aber sie war eine zuverlässige Methode, die Summe aus Wodka, Speck und Kaviar zu ermitteln. Es tröstet mich, daß mittlerweile auch der Rechenstab ein Opfer des Geschwindigkeitsrausches geworden ist. Im Wettstreit mit dem solarbetriebenen Taschenrechner hatte er nicht die Spur einer Chance, irgendwann zog er sich in sein Futteral zurück. Die Russenläden sind mit der Roten Armee aus unserem Leben verschwunden. Vermutlich schieben die Verkäuferinnen heute im Brotladen vom Weltraumbahnhof Baikonur eine ruhige Kugel.

Rechenschieber, der: *(auch Rechenstab) stabförmiges Rechengerät mit gegeneinander verschiebbaren, logarithmisch eingeteilten Skalen*

Umwege übers Land

»Da lang!« rief Anna. »Jetzt da lang! Und dann nach da!« Sie saß neben mir auf dem Beifahrersitz und gab mit den Händen die Richtung an. Daumen nach rechts: »Achtung, auf die rechte Spur!« Daumen nach links: »Wir müssen da rüber, hörst du! Hinter dem blauen Opel her!«

»Der Opel ist aber grün.«

»Nein, der ist blau ...«

Zum Streiten war keine Zeit. Anna hatte die Straßenkarte auf dem Schoß und hielt mich auf Zickzack-Kurs. Mein rechter Fuß wechselte zwischen Gas und Bremse, so abrupt, wie die Kommandos kamen. Anna sagte nie »Rechts ab« oder »Links rum«. Sie hatte eine Rechts-Links-Schwäche, weshalb ich sie gern mit Jandl aufzog: *Lechts und rinks soll man nicht velwechsern ...* Anna verwechselte hin und wieder den Daumen. In der Hektik rutschte ihr die Karte zwischen die Füße, und sie schrie: »Stopp!« Versehentlich traf mich dabei ein Hieb an der Schulter. Trotzdem gelangten wir irgendwann ans Ziel, dank der Karte und dank Anna, meiner persönlichen Navigatorin.

War ich allein unterwegs, lag die Karte griffbereit auf dem Beifahrersitz. An jeder roten Ampel nahm ich sie zur Hand und versuchte hastig, die Straßennamen zu entziffern. Die Schrift war zu klein und der Halt zu kurz – ehe ich meinen Standort bestimmen konnte, hatte die Ampel auf Grün geschaltet. Also bei nächster Gelegenheit blinken und rechts ran. Bei Dunkelheit Kabinenlicht an. Lesebrille auf. Die von Anna verwurschtelte Karte auseinander- und wieder richtig zusammenfalten.

Wo bin ich? Kein Straßenschild und keine Menschenseele ... Doch, da kommt jemand. Schnell die Scheibe runter: »Hallo! Entschuldigen Sie bitte ...!« – »Tut mir leid, ich bin auch nicht von hier ...«

Nutzer satellitengestützter Navigationssysteme werden angesichts dieser Probleme entspannt lächeln. Aber wissen sie überhaupt noch, wie man sich selbständig orientiert? Was es heißt, mit über dem Lenkrad ausgebreitetem Stadtplan herumzukurven, sich in geographische Details zu vertiefen und gleichzeitig den Gegenverkehr im Auge zu behalten? Wenn ich in den Golf meines Vaters umsteige, einen Rentnerwagen mit Automatikgetriebe und GPS, schläft mir nach kurzer Zeit das linke Bein ein – keine Kupplung. Nicht mal ein Ganghebel, dafür alle paar Sekunden diese seelenlose weibliche Computerstimme: »Nach hundert Metern rechts abbiegen ... Nach fünfzig Metern rechts abbiegen ... Jetzt rechts abbiegen ...« Ich versuche die virtuelle Mitfahrerin zu provozieren, indem ich ihre Anweisung ignoriere. Doch sie läßt sich auf keinen Streit mit mir ein. In gleichbleibend höflichem Ton will sie mich auf den rechten, den kürzesten Weg zurückführen.

Ich schalte das Display ab und sehne mich nach Annas hektischen Gebärden.

»Hier lang! Und dann dort ... in den ... in diesen ...« Anna beschrieb mit dem Zeigefinger einen Kreis.

»Kreisverkehr?«

»Du verstehst mich schon.«

»Kommen wir nicht gerade von dort?«

»Nein, wir kommen von da!«

Was haben wir uns verfahren! Weil Anna sich irrte, weil ich nicht auf sie gehört habe oder weil mein Autoatlas hoffnungslos veraltet war. Unversehens gerieten wir auf eine Umgehungsstraße, die es eigentlich nicht gab. Umleitungen führten zu Umleitungen. Kopfschüttelnd glitten wir, wo der Plan Wald und Wiese verzeichnete, auf einer Geisterautobahn dahin.

»Fahr mal da vorne ab«, bat Anna.

»Rechts oder links?«

»Da, hinter dem Schild!«

Auf unseren Irrwegen hielten wir vor verfallenen Scheunen oder am Rande eines blühenden Rapsfeldes. Wir gelangten in abgelegene Dörfer und Wälder, betraten kleine Feldsteinkirchen, sammelten Pilze oder badeten in stillen, versteckten Weihern. Wir lernten viele hilfsbereite Menschen kennen. Einmal vom Wege abgekommen, hatten wir plötzlich Zeit ...

Straßenkarte, die: *zusammenfaltbare Landkarte, die über (Land)straßen u. Autobahnen informiert*

Autoatlas, der: *gebundene Kartensammlung mit eingezeichneten Straßenverbindungen für den Autofahrer*

Nostalgisches Knistern

Sag mir, welche Schallplatten du im Schrank hast, und ich sage dir, wer du bist. Ich rede von gepreßten Langspielplatten und nicht von Compactdiscs. Cmpctdscs! Was für ein sinnliches Wort. Compactdiscs sind handtellerklein und stecken in sterilen Plastikcovern, sie sind abwaschbar und glitzern wie Weihnachtsbaumschmuck. Die Schallplatte dagegen ist unhandlich, schwarz und autonom. Sie läßt sich weder in Schubkästen pakken noch zu Türmen stapeln.

Schallplatten stehen bei mir nebeneinander im Regal. Ihre Rücken sind so schmal, daß ich nicht erkennen kann, was auf ihnen draufsteht. Ziehe ich eine Platte heraus, kommen sofort zwei, drei weitere nach. Die Plattenhüllen sind aus Pappe und durch häufigen Gebrauch zumeist abgeschabt oder eingerissen, Asche- und Kaffeeflecken adeln ihre Oberfläche. Worin liegt eigentlich der Reiz der Schallplatte? In ihrer Zerbrechlichkeit, in ihrem nostalgischen Knistern? Oder in ihrer Kurzlebigkeit? Nein, in der Umständlichkeit ihres Gebrauchs.

Langspielplatten haben immer zwei Seiten und den Verliebten stets Probleme gebracht. Man saß umschlungen auf der Couch, rutschte, von einer Flasche *Tokayer* oder *Bärenblut* beschwipst, allmählich in die Horizontale, und ratsch und knack! – war die Platte zu Ende. Es half nichts, um der Fortsetzung willen mußte man sich hochquälen, sich zum Plattenspieler bewegen, die Scheibe umdrehen – wobei das Loch bei Kerzenschein nicht leicht zu finden war – und den Tonarm wieder in die Startposition rücken. Meist wußte ich schon vorher, daß die Scheibe gleich zu Ende war, und wurde nervös. Hatte die Platte einen Sprung, hakte die Nadel auf der Stelle, und die Stimmung ging erst recht flöten. Es kam vor, daß man splitternackt aus dem Bett hechtete, nur um rechtzeitig die Platte umzudrehen. »Genug ist nicht genug« von Konstantin Wecker oder Wenzels »Stirb mit mir ein Stück«. In mancher Nacht sind wir zwanzig Tode gestorben, nur um den Plattenteller am Drehen zu halten. Vermutlich wurden durch die Schallplatte mehr Kinder verhütet als durch die Pille. Heute lieben wir im musikalischen Dauerbetrieb, einarmig, mit der Fernbedienung in der Hand. Oder nach dem Repeat- und Random-Prinzip. Improvisation und Opferbereitschaft sind kaum noch gefragt. Wenn man früher zu einer Freundin sagte: »Komm mit, ich zeige dir meine Plattensammlung!«, war klar, daß die Nacht darüber vergehen würde.

Was die *Westmusik* betraf, so lagerte in fast jeder Bude die gleiche Kollektion von Langspielplatten. Nach Lizenzscheiben haben wir angestanden, sie kamen, wenn überhaupt, unangekündigt in die Plattenläden. Oft wurden sie nur unter dem Ladentisch gehandelt: Bob Dylan und Joan Baez, Leo Kottke und Carlos Santana, Klaus Doldinger, Herbert Grönemeyer, Genesis und die Dire Straits. Was für ein Gefühl, nach mehrstündigem Warten in der Schlange ein Pink-Floyd-Album in den Händen zu halten! Oder John und Yokos »Double Fantasy«. Lässig trug man die steife Papiertüte unterm Arm nach Hause und wurde unterwegs pausenlos nach ihrem Inhalt gefragt. An solchen Abenden drehten sich überall auf den Plattentellern die gleichen schwarz glänzenden, noch staub- und kratzerfreien Amiga-Scheiben, spielte in der ganzen Stadt derselbe Hit. Entscheidend war nicht so sehr, *welche* Neuheit man im Plattenladen erstanden hatte, Hauptsache, man hatte sie. Jederzeit reihten wir uns ein und griffen zu. Nach Möglichkeit mehrmals. Noch heute bin ich stolzer Besitzer von drei Exemplaren des Albums »Alexis Korner and Friends«. Sie klemmen irgendwo nebeneinander in meinem Plattenregal. Das letzte Mal habe ich das Album vor zehn oder zwölf Jahren abgespielt. Nie im Leben würde ich Alexis Korner von einer Compactdisc hören. Cmpctdscs!

Schallplatte, die: *aus Kunststoff gepreßte, runde Scheibe mit auf jeder Seite je einer spiralförmigen, feinen Rille, in der Tonaufnahmen gespeichert sind, die mit Hilfe eines Plattenspielers wiedergegeben werden können*

Erika, meine Liebe

Noch bis vor kurzem war sie aus keinem Büro wegzudenken und ratterte unermüdlich in den Redaktionen. Heute gehört sie zum alten Eisen. Der PC hat das mechanische Wunderwerk aus unserem Leben verdrängt; und auch ich streiche, während ich diese Zeilen schreibe, mit den Fingern über eine Flachtastatur, wenngleich doch mein Herz noch immer an ihr, an meiner alten *Erika*, hängt.

Jahrzehntelang haben wir Schreiberglück und -leid miteinander geteilt; sie kennt meine Flüche, ich ihre Macken und Laster. So manche Nacht haben wir gemeinsam durchgerackert. Zu meiner Schreibmaschine hatte ich noch eine persönliche, geradezu private Bindung, nennen wir es ruhig ein *Verhältnis*. Schon sie auszupacken und betriebsbereit zu machen war eine intime Handlung: Öffnen des Koffers, Abnehmen des Überzugs, Bewegungssperre lösen, Blatt einspannen, gegebenenfalls weitere Blätter sowie Blaupause oder Kohlepapier unterlegen für die Durchschläge. Durch-Schläge! Verzeih, meine Liebe, diesen harschen Ausdruck, aber du verlangtest einen harten Anschlag.

Von wegen platonische Angelegenheit! Beim Essen und beim Sex, so lehrte mich ein Philosoph, muß der Mensch schwitzen. Auch beim Maschineschreiben, wage ich zu ergänzen. Ich rieche noch den Angstschweiß, der mir aus allen Poren brach, wenn die Ideen versiegten. Manchmal schüttelte mich auch heiße Wut. Ach, Erika, warum soll ich es verschweigen: Fast immer klemmten ein paar deiner Tasten, deine Typen verfetteten, verdreckten und klebten aneinander. Oft mußte ich mitten im Schreibfluß innehalten und das zum »o« gefüllte »e« wieder sauberkratzen; oder es waren die verschmutzten »n« und »m« nicht mehr voneinander zu unterscheiden. Am besten eignete sich zur Typenreinigung eine auseinandergebogene Büroklammer. Bei hartnäckigeren Verkrustungen nahm ich eine Zahnbürste zu Hilfe. Von Zeit zu Zeit fiel eine deiner Tasten ab und mußte angeleimt werden. Und nach jedem Wechsel des Farbbandes zeigten sich häßliche Fingerabdrücke auf dem weißen Papier.

Niemand ist perfekt. Hatte ich mich vertippt, konnten nur eine Rasierklinge oder ein Hartradiergummi aus der Patsche helfen; später habe ich solch ein Malheur mit stinkendem Tipp-Ex übertüncht. Über ein eigenes Korrekturband verfügte meine Erika noch nicht. Häuften sich die Fehler, mußte ein neues Blatt her – viele Versuche, volle Papierkörbe. Doch welch beflügelndes, rhythmisches Geklapper, wenn die Gedanken galoppierten! Die Maschine ratterte und klingelte fröhlich am Zeilenende, und die Walze schnarrte beim Zeilensprung. Freilich war das nur Musik in meinen Ohren, keineswegs in den Ohren meiner Frau oder denen unserer Wohnungsnachbarn.

Maschinengeschriebene Texte hatten eine persönliche Note, und die Polizei konnte einen Erpresser anhand des Schriftbildes überführen. Der Schriftsteller und Nobelpreisträger Isaac Bashevis Singer hielt die Schreibmaschine für beseelt und wollte ihr keine einzige schlechte Geschichte zumuten. Berühmte Schreibmaschinen wie die von Ernest Hemingway, Bertolt Brecht und Franz Fühmann genießen heute ihren Ruhestand in Ausstellungen und Museen. Ob so viel Ehre jemals einem Computer zuteil wird? Man denke sich einen PC mit Monitor und Keyboard als Ausstellungsstück, versehen mit dem Hinweis: Auf dieser Festplatte speicherte Peter Sloterdijk seinen »Menschenpark« unter Windows 98 ...

Ach, Erika, alte Tippse!

Schreibmaschine, die: *Gerät, mit dessen Hilfe durch Niederdrücken von Tasten Schriftzeichen mittels Farbband auf ein eingespanntes Papier übertragen werden*
Erika: *Markenname einer Schreibmaschine aus dem VEB Schreibmaschinenwerk Dresden*

Kleiner Groschenroman

Die Mark wurde abgeschafft, und mit ihr ist auch der Pfennig verschwunden, der Glückspfennig. Wie haben wir ihn geliebt! Er war gegen keine Währung der Welt tauschbar. Ein großer Lottogewinn machte reich. Der Pfennig ließ alle Wünsche offen.

Dabei war er die kleinste Einheit der Mark und als Zahlungsmittel scheinbar ohne Bedeutung. Irrtum, seinetwegen kosteten Waren 9,99, 19,99 oder 99,99 Mark. Es gab Pfennigartikel: Bonbons, Zuckerstangen, Abziehbilder, Hustentee. Doch hauptsächlich diente der Pfennig als Wechselgeld. Zehn Pfennige waren ein Groschen, das wußte jedes Kind. Eines Tages wird man sich fragen, warum Bertolt Brechts bekanntestes Werk »Dreigroschenoper« heißt. Dutzendweise sammelte sich der Pfennig im Portemonnaie, rann zwischen den Fingern hindurch, fiel, da er so klein war, in jede Ritze, rollte unters Sofa oder versteckte sich auf der Straße zwischen den Pflastersteinen. Was blinkt da zu meinen Füßen? Ein Glückspfennig! »Du mußt ihn anspucken und über die linke Schulter werfen«, riet mir meine Mutter. Das tat ich nicht. Ich hatte ihn doch gerade erst gefunden. Nein, ich steckte den Pfennig ein und trug ihn als Talisman in der Hosentasche mit mir herum.

Ging es mir schlecht, fuhr ich mit der Hand in die Tasche und fühlte, daß er da war. »Was fummelst du dauernd?« spotteten meine Mitschüler, die Pfennige lieber auf die Schienen legten, um mit den breitgewalzten Münzen die jungen Kassiererinnen in der Kaufhalle zu ärgern. Ich schob meinen Glückspfennig unters Kopfkissen. In Erwartung des großen Glücks schlief ich unruhig. Der Tag begann vielversprechend, die Morgensonne strahlte mich an. Ehe ich das Haus verließ, kämmte ich mich sorgfältig und steckte den Pfennig ein. Vorm Schulhof traf ich Sabrina; sie sah mir entgegen und fragte: »Haste ma 'ne Kippe?« Ich hatte nur meinen Pfennig und eine Packung Kaugummi. Ich bot Sabrina einen Peppermint-Kaugummi an. Sie lächelte und sagte: »Nichtraucher, was?« Von da an gingen wir miteinander.

Von wegen *Groschenroman*, so wahr ich hier sitze, genau so war es! Dankbar legte ich ein Blatt Papier über meinen Pfennig und pauste ihn mit dem stumpfen Bleistiftende ab, zehn-, zwanzig-, dreißigmal, dann hängte ich das Blatt in meinem Zimmer neben die Poster von Mick Jagger, Abba und den Les-Humphrie-Singers – das Glück sollte sich vermehren. Das war wohl der Frevel, denn Sabrina ließ mich plötzlich im Regen stehen und wandte sich wieder dem Nikotin zu.

Die Liebe folgt keinem Pfennigfuchser, sie kommt und geht auf unergründbaren Pfaden. Meinen Vater hat sie auf Pfennigabsätzen in die Ehe gelockt. Nach einem Institutsvergnügen an der Martin-Luther-Universität in Halle zog meine Mutter die Stöckelschuhe aus und lief auf Strümpfen weiter. Die letzte Bahn war weg, der Heimweg wollte kein Ende nehmen. Sie folgten den Straßenbahnschienen. Mein Vater schleppte seine mit Büchern gefüllte Aktentasche, und er hatte mächtig einen in der Krone. Weil die Tasche mit jedem Meter schwerer wurde, versuchte er sie an den Haltestellen loszuwerden. Er lehnte sie gegen das Haltestellenschild und behauptete, die Tasche führe mit der Straßenbahn. Meine Mutter hob sie auf und drückte sie meinem Vater wieder in die Hand. Spät in der Nacht – oder war schon früher Morgen? – hatte meine Mutter meinen Vater endlich im Bett. Doch er rappelte sich noch einmal auf, rief: »Wo ist meine Aktentasche?« und wollte auf den Kleiderschrank klettern, den er für einen Straßenbahnwagen hielt. Zum Glück schaffte er es nicht hinauf, sonst wäre ich wahrscheinlich nicht gezeugt worden.

Glückspfennig, der: *als Glück bringend geltender (gefundener) Pfennig*

Groschen, der: *Zehnpfennigstück; mlat. (denarius) grossus = Dickpfennig, zu lat. grossus = dick*

Dreigroschenoper, die: *1928 uraufgeführtes Schauspiel mit Gesangseinlagen von Bertolt Brecht u. Kurt Weill*

Am eignen Leibchen

Eigentlich hatte ich eine glückliche Kindheit. Ausgenommen jene Momente, in denen ich – im Alter von zwei oder drei Jahren – für den Wochenend-Familienausflug ausstaffiert, um nicht zu sagen: präpariert wurde. Wir wohnten in Halle an der Saale und fuhren jeden Sonnabend zu meinen Großeltern aufs Heidedorf. Der Weg führte über die Chemie- und Braunkohlenstadt Bitterfeld. Die Ankleideprozedur fand daheim auf der Küchenbank statt und dauerte eine halbe Stunde, die ich halb stehend, halb sitzend über mich ergehen ließ; wenn ich daran zurückdenke, sträubt sich mir das Fell.

Die Schuld lag nicht bei meinen Eltern allein. Der Krieg war zwar vorbei, doch die Versorgungslage im Osten blieb angespannt. Vor allem hatte man hier die hautverträgliche Strumpfhose noch nicht erfunden. Ich bekam die Not in Form zweier Kratzstrümpfe zu spüren, die meine Großmutter aus einem aufgetroddelten Pullover gestrickt hatte. Sobald die Strümpfe über meine Füße gerollt wurden, bekam ich Hautausschlag – was man jedoch erst sah, wenn ich sie wieder ausziehen durfte. Doch damit der Leiden nicht genug: Weil die wollenen Folterröhren nicht von selbst oben blieben, wurden sie an einem anderen Wäschestück befestigt, das mir Brust und Bauch einzwängte und auf dem Rücken zugeknöpft wurde. Da ein solches sogenanntes Leibchen heute in leicht abgewandelter Form nur noch in Beate-Uhse-Shops erhältlich ist, setze ich es auf die Liste der von Vermottung bedrohten Kleidungsstücke.

Mein Leibchen war gerippt und sah lustig aus, doch in Wahr-

heit handelte es sich um ein Büßerhemd mit herabbaumeln-
den Strumpfhaltern. An diese wurden die braunen Strümpfe
geknüpft, das heißt das jeweilige Strumpfende wurde zwischen
Knopf und Drahtlasche geklemmt. Komplettiert wurde meine
Wochenend-Ausflugsgarnitur durch eine weiße Strickjacke und
eine ebenso weiße Schildmütze mit Kinnband.

Wie gesagt, die Fahrt ging von Halle nach Bitterfeld, und spätestens an der ersten Bitterfelder Bordsteinkante stolperte ich
und paßte mich farblich der ruß- und kohlenstaubgeschwän-
gerten Umgebung an. Die ersten Stürze waren noch Ungeschick
und hatten nur Ermahnungen oder eine Ohrfeige zur Folge.
Doch da schmutzige Strümpfchen, Jäckchen und Mützchen nach
der Ankunft rasch gegen einen viel angenehmer zu tragenden,
an den Ellenbogen und Knien herrlich ausgebeulten schwarzen
Trainingsanzug ausgetauscht wurden, lernte ich schnell und ret-
tete mich in die *Fallsucht*. Diese sorgte dafür, daß ich bei nächster Gelegenheit bereits auf der Bitterfelder Bahnhofstreppe und
beim übernächsten Mal schon auf dem Bahnsteig hinschlug. Um
zu verhindern, daß ich aus dem haltenden Zug fiel, wurde ich
künftig von meinem Vater aus dem Waggon gehoben und bis zur
Bushaltestelle getragen, wo es mir endlich in einem unbeobach-
teten Moment gelang, über meine eigenen Füße zu stolpern. Am
Wochenende darauf stolperte ich bereits auf dem Hallenser
Hauptbahnhof, dann vor der Hallenser Straßenbahn, schließlich schon auf dem Bürgersteig vor unserem Haus in der Frei-
imfelder Straße. Meine Eltern überlegten, ob sie mich überhaupt
noch mit zu den Großeltern nehmen konnten. Schließlich gaben sie nach und erlaubten mir, gleich im Trainingsanzug zu rei-
sen. Von jenem Tage an gab ich mir alle Mühe, den aufrechten
Gang zu trainieren. Freilich bin ich dabei noch öfter gestrau-
chelt.

Leibchen, das: *miederartiges Kleidungsstück für Kinder, an dem Strumpfhalter befestigt sind*

Strumpfhalter, der: *paarweise für jedes Bein an einem Hüfthalter o. ä. angebrachtes (breites) Gummiband mit kleiner Schließe zum Befestigen der Strümpfe*

Der Tag, an dem die Kohlen kamen

Am Tag, an dem die Kohlen kamen, schrieb mir meine Mutter einen Entschuldigungszettel, den ich anderntags dem Klassenlehrer übergab, der ihn schweigend zur Kenntnis nahm: »Sehr geehrter Herr L., wir bitten, das Fehlen unseres Sohnes zu entschuldigen. Er mußte gestern wegen einer Magenverstimmung das Bett hüten ...« Oder: »Infolge eines vereiterten Zahnes mußte unser Sohn sich dringend in Behandlung begeben ...« Als ich wieder einmal fehlte, hat sich der Lehrer auf dem Schulhof bei meinem Bruder nach meinem Befinden erkundigt. »Ach«, bekam er zur Antwort, »dem geht's gut. Der sitzt zu Hause und wartet auf die Kohlen!«

Kohlenkriegen war wichtiger als Staatsbürgerkunde und Mathematik. Meinem Vater steckten die eiskalten Nachkriegswinter noch in den Knochen, er wachte persönlich darüber, daß unser Kohlenberg im Keller nicht zu klein wurde. Lieber bestellte er eine Fuhre außer der Reihe. Manchmal warteten wir monatelang auf die Lieferung, und erst eine Beschwerde bei der Stadtverwaltung setzte die Kohlenfahrer in Marsch. Lustlos kippten sie eine Ladung Kohlendreck vor unserem Haus ab. Mein Vater beklagte sich nicht, immerhin hatten wir etwas zum Verheizen, und er gab die Hoffnung nicht auf: »Wenn wir Glück haben, bringen sie uns das nächste Mal eine Tonne Koks.«

Steinkohle gab es nicht, und auch der aus Braunkohle erzeugte, hochwertigere Koks war nur schwer zu bekommen. Geliefert wurden meist Kohlebrocken oder Eierbriketts, die schon zu Staub zerfielen, wenn man sie nur scharf ansah. Trotzdem war der Tag, an dem die Kohlen kamen, für mich ein Feiertag. Ich brauchte mich nicht in aller Herrgottsfrühe aufs Fahrrad zu schwingen, um in die Schule zu radeln, sondern blieb einfach im Bett. Wieder einschlafen durfte ich freilich nicht, denn ich mußte auf die Klingel achten. Man wußte nie, wann das Kohlenauto vorfahren würde, das konnte schon früh vor sieben der Fall sein oder erst abends nach sechs.

»Schließ die Kellertür auf, damit die Männer die Briketts hineintragen und nicht wieder durchs Fenster schütten«, mahnte meine Mutter. »Und vergiß nicht, ihnen fünf Mark Trinkgeld zu geben!« Es stimmt nicht, daß die DDR, der erste Arbeiter-und-Bauern-Staat auf deutschem Boden, allein von seinen Köchinnen und Sekretärinnen regiert wurde. Die Macht ging auch vom Kohlenmann aus.

Die Kohlenfahrer waren schwärzer als die Schornsteinfeger. Sie fuhren im Lastkraftwagen vor, klappten die Seitenwand herunter und schaufelten ihre Ladung in  Huckekörbe oder wuchteten sie sich in zentnerschweren Säcken über die Schulter. Beim Ausschütten kam man ihnen besser nicht in die Quere. Häufig weigerten sie sich, die Kohlen die Kellertreppe hinunterzutragen. Für diesen Fall stand eine Flasche *Nordhäuser Doppelkorn* bereit. Verfehlte der Schnaps seine Wirkung, wurde ich selbst zum Kohlenmann; dann mußte ich im Keller auf den wachsenden Kohlenberg steigen und mit der Harke die Fensteröffnung freihalten.

Ich weiß, wie Kohlenstaub schmeckt, schließlich habe ich

auch ein dutzendmal meinen Großeltern geholfen, eine Hängerladung Briketts mit der Schubkarre von der Gasse in den Stall einzufahren. Die Briketts kamen frisch gepreßt aus der Fabrik und waren manchmal noch warm. Sie hatten eine harte, glatte, glänzende Kruste, nur die Flachseiten waren stumpf und, wenn ich mich recht entsinne, mit Buchstaben versehen. Auf dem Dorf war es üblich, daß man die Kohlen selber in den Stall oder in den Keller trug. Mütter, Großmütter und Kinder halfen mit Eimern und Körben. Im Stall wurden die Briketts wie Ziegelsteine gestapelt. Urgroßmutter, die einen eigenen Kohlenkeller besaß, duldete keinen Unterschied zwischen Koks und Brikett, sie sagte immer nur *Golle*. War die Golle unter Dach und Fach, spendierte die alte Frau einen Johannisbeerlikör, und Großvater sang: »Schnaps ist gut für die Cholera ...«

Brikett, das: *(frz. briquette, zu: brique = Ziegelstein) aus Braunkohle oder Steinkohlenstaub gepreßtes Formstück in länglicher od. Eiform* Koks, der: *(engl.) durch Verschwelen von Stein- und Braunkohle gewonnener Brennstoff*

Glücksengel und Trauerbote

Am Abend steige ich auf dem Berliner Ostbahnhof aus dem Zug. Anna ist nicht auf dem Bahnsteig. Sie sitzt in ihrer Wohnung und ahnte nichts von meiner Ankunft. »Hast du denn mein Telegramm nicht bekommen?« – »Was für ein Telegramm?«

Mein Schmuckblatt – eine Loriot-Karikatur mit einer Rose im Mund – ist verschollen. Wurde es fehlgeleitet oder nicht ernst genommen? Wann habe ich zum letzten Mal ein Telegramm erhalten? Das muß mindestens fünfzehn Jahre her sein. In einer Zeit, da erst wenige Haushalte über einen Telefonanschluß verfügten, schlugen Telegramme im Alltag wie ein Blitz ein. Man kam nach Hause, entdeckte den Aufkleber: »Telegramm im Hausbriefkasten!« und erwartete nichts Gutes. Irgend etwas war passiert. Irgendwer war gestorben. Oder irgend jemand kündigte kurzfristig sein Erscheinen an. Man rechnete mit dem Schlimmsten. Es sei denn, man hatte gerade Geburtstag, Jugendweihe, Konfirmation, war Vater geworden oder feierte ein Betriebsjubiläum. Dann war der Telegrammbote willkommen wie der Fleurop-Mann.

Schmuckblätter vom Trauermotiv bis zur fröhlichen Klemke-Karikatur hingen in jedem Postamt neben dem Telegrammschalter aus. Die Wahlmöglichkeiten waren begrenzt, und so verschickte und erhielt man zu bestimmten Anlässen immer wieder dieselben Motive. Das heißt, verschickt wurde überhaupt nichts. Der Text wurde über Telefon oder per Fernschreiber weitergegeben.

Ich bin selber mal Telegrammbote gewesen. Nach dem Abitur hatte ich bis zu meiner Einberufung zum Grundwehrdienst als Briefzusteller gearbeitet und war, als der Eilbote krank wurde, für ihn eingesprungen. Zwei Wochen lang fuhr ich die Telegramme im *Post-Trabi* aus. Die Texte kamen auf einer Papierrolle aus dem Ticker und wurden von der Telegraphistin abgeschnitten, gefaltet und mit der Anschrift nach oben in ein Kuvert mit Adreßfenster gesteckt. Ich schaute stündlich vorbei, sortierte die Telegramme nach Straßen und Hausnummern und stellte mir meine Fahrtroute zusammen.

Das Telegrammbündel in der Hand, den Stadtplan auf dem Beifahrersitz ausgebreitet, fuhr, nein, holperte ich durch F., eine preußische Gartenstadt, deren Straßen zumeist Sandwege und schlecht ausgeschildert waren. Ich war Glücksengel und Trauerbote in einer Person. Meist erschraken die Leute bei meinem Auftauchen. Einige brachen schon vor dem Öffnen des Umschlags in Tränen aus. Andere schenkten mir fünfzig Pfennige oder eine Mark. Es gab auch Grund zur Freude, das konnte ich am Abend an meinem Trinkgeld sehen. Punkt sechs fiel die letzte Botschaft aus dem Ticker, und wenn ich gegen halb sieben von meiner letzten Tour zurückkehrte, war die Telegraphistin meistens schon weg, und das Telegramm lag verwaist auf dem Tisch. Hatte es einen Trauerrand, ließ ich es über Nacht liegen. Der Schmerz durfte warten, doch das Glück schrie danach, ausgefahren zu werden. Also parkte ich den Trabi auf dem Posthof, schwang mich auf mein Fahrrad und radelte, wenn es sein mußte, bis ans andere Ende der Stadt. Einmal erwartete mich, als ich im Dunkeln endlich die richtige Straße und Hausnummer gefunden hatte, die Empfängerin schon ungeduldig an der Gartenpforte.

»Wer sind Sie?«

»Ich bin der Eilbote.«

Die Frau riß mir das Telegramm aus der Hand, überflog es, las es nochmals, gab mir einen Kuß und umarmte mich so heftig, daß mir die Luft wegblieb.

»Nein«, rief sie. »Sie sind ein Engel!«

Telegramm, das: *(zu griech. tele u. gráphein = Telefon u. schreiben): per Telefon übermittelte Nachricht; Formular, auf dem der Text des Telegramms ausgedruckt ist*

Lächle noch einmal, Susanna!

»Du hast den Farbfilm vergessen, mein Michael!« Mit Nina Hagen war er ein Hit, doch wer braucht ihn noch? Längst wird ohne Film geknipst. Klick, und das Bild ist ..., nein, eben nicht im Kasten, sondern auf dem Chip, und man kann es sich sogleich auf dem Display anschauen. Dagegen kommt der Fotofilm nicht an. Der mehrfach beschichtete, übel riechende Streifen ist zwar immer noch in Benutzung, doch bereits von Überlagerung bedroht. Ehe er vor Gram ganz schwarz wird, setze ich ihn auf meine Liste.

Der Film hat nicht nur die Naturwissenschaften, die Medizin und die Künste revolutioniert, er sorgte auch unentwegt für Überraschungen. Nennen wir es das fotografische Geheimnis. Vor mir liegt eines jener kleinen quadratischen, gezackten Fotos, die zu Dutzenden die Pappseiten meines Schüleralbums füllen. Die schwarzweiße Gruppenaufnahme habe ich als Zehnjähriger mit der *Pouva Start* gemacht, meinem ersten Fotoapparat, der noch mit einem Rollfilm bestückt wurde und dessen Schneckentubus man mit der Hand herausdrehen mußte. Der Rollfilm, zwölf Aufnahmen im Format sechs mal sechs Zentimeter, war auf eine Holzspule gewickelt und in Silberpapier verpackt. Beim Einfädeln war darauf zu achten, daß man ihn straff gezogen hielt und sein rotes Deckpapier nicht verrutschte, sonst hatte man später einen schwarzen Streifen am Bildrand. Verschluß- und Blendeneinstellung boten die Wahl zwischen *sonnig* und *trüb* sowie *Moment* und *Zeit*.

Als gerade die Sonne hervorkroch, hatte ich das Metallhäkchen auf das entsprechende Symbol gestellt und schnell abgedrückt, ehe mir die nächste Wolke in die Quere kam. Ein Schnappschuß halt, vom ästhetischen Standpunkt betrachtet: ein Schuß in den Ofen. Nichts, aber auch gar nichts stimmt auf dem Bild. Etwa zwei Drittel der Fläche nimmt der Himmel über dem Schulhof ein. Meine Mitschüler mit dem Zeugnis unterm Arm sind an den rechten unteren Rand gequetscht, ihre Beine über den Knöcheln abgehackt, von Peter fehlt die rechte Körperhälfte. Die Köpfe der anderen sind zwar auf dem Bild zu sehen, aber winzig. Trotzdem erkennt man, daß Monika die Augen geschlossen hat, Klaus eine Grimasse schneidet, Klara nach hinten schaut, wo, von Rolands Schultern verdeckt, ihre Freundin Evi steht, und der kleine Sommer sich nach seinen Schnürsenkeln bückt. Nur Susanna ragt wie eine Eins aus der Mitte und lächelt.

Sie lächelt mich an! Ich bemerkte es erst Wochen später, nachdem der Film endlich voll und im Labor entwickelt war und ich die Abzüge in den Händen hielt. Von Stund an war ich in Susannas Lächeln verliebt.

Ich weiß nicht, ob Susanna über all die Jahre etwas geahnt hat. Ich habe noch mindestens zwei dutzendmal versucht, ihr Lächeln einzufangen, mit der *Penti*, der schicken, goldglänzenden Kleinbildkamera meiner Mutter, und später mit meiner Spiegelreflexkamera vom Typ *Praktica*. Stets beeilte ich mich, den belichteten Film wegzubringen, und sobald ich klopfenden Herzens die fertigen Bilder aus der Papiertüte zog, strahlte mich Susanna an. Später richtete ich mir im Keller eine Dunkelkammer ein. Kennen Sie das Gefühl, wenn im Schein der Rotlichtlampe auf dem Boden der Entwicklerschale ein zartes, unschuldiges Lächeln entsteht? Ein Lächeln auf leerem, weißem Papier, quasi aus dem Nichts!

Die Vorteile der Digitalkamera liegen auf der Hand: Es braucht kein Film mehr eingelegt, transportiert, entwickelt, fixiert und getrocknet zu werden; keine Chemie und keine gesundheitsschädigenden Dämpfe mehr. Nicht länger in Schuhkartons voller Negativröllchen wühlen oder in Klarsichtfolien nach einem einzelnen Negativstreifen suchen. Und auch die quälende Wartezeit gibt es nicht mehr: Das fotografische Ergebnis läßt sich sofort überprüfen und sekundenschnell in alle Welt versenden. Wer den falschen Moment erwischt oder verwackelt hat, löscht die Aufnahme und versucht es erneut – so oft, bis alle Unvollkommenheiten, alle Zufälligkeiten beseitigt sind. Das Ergebnis ist die pure Langeweile.

Rollfilm, der: *(zu einer Rolle aufgewickelter) elastischer Streifen aus durchsichtigem Kunststoff, der auf einer Seite mit einem lichtempfindlichen Material beschichtet ist*
Pouva Start, die: *1952 von Ingenieur Karl Pouva in Freital bei Dresden entwickelte Bakelit-Kamera mit Duplar-Objektiv, Falt-Sucher u. Einfach-Vario-Verschluß für 16,50 Mark*

Schnippende Gummibänder

Als kleiner Junge war ich auf meinen Großvater fixiert. Kaum daß meine Finger greifen konnten, krallten sie sich an ihm und seinen Hosenträgern fest. Dann ließ ich die Träger wieder los und jauchzte vor Vergnügen, wenn sie ihm an die Brust klatschten. Großvaters Brustkorb begann direkt über dem Hosenbund, und die Hosenbeine endeten knapp unterhalb der Sockenhalter. »Was ist ein Mann ohne Hintern?« pflegte mein Großvater zu fragen und gab gleich selbst die Antwort: »Ein langes Brett mit einem Loch in der Mitte.« Auch ein Mann ohne Bauch war in seinen Augen kein Mann, und eine bauchige Hose bedurfte, um nicht in die Kniekehlen zu rutschen, einer Befestigung. Gürtel kamen nicht in Betracht, da sie beim Arbeiten und Essen die Luft abschnürten. Den Gürtel enger schnallen – diese Devise galt ohnehin nicht auf dem Kleinbauernhof. »Eßt euch ruhig satt!« hieß es oder: »Du kannst noch was vertragen, du hast lange Seiten!« Dafür wurden für mich die Hosen auf Zuwachs gekauft, meist zwei, drei Nummern im voraus.

Großvater liebte es, beide Daumen unter die Träger zu schieben, die sich über dem langärmeligen weißen Unterhemd strafften. Hatte er eine Arbeit zu seiner Zufriedenheit abgeschlossen, schnippte er mehrmals hintereinander. Es lohnt sich, die heute kaum noch gebräuchliche Hängevorrichtung einmal anatomisch zu betrachten: »Die Konstruktion verzweigt sich in halber Höhe des Rückens ypsilonförmig, die zwei Bänder oder Gummis laufen über den Bug beider Schultern und kippen ebendort vom Steil- in den Sturzflug, überfliegen die Brustwarzen und landen noch einmal sich doppelspreizend an den Knopf-Vertäuungen über Leber (rechts) und Bauchspeicheldrüse (links)«, heißt es in der »Galerie der kleinen Dinge« (Haffmanns Verlag, Zürich 1988). Zu ergänzen wäre, daß der Prototyp vorn und hinten am Bund festgeknöpft wurde. Großvaters blaue Arbeitshosen verfügten über die erforderlichen Knöpfe; bei seinen Anzugs- und Ausgehhosen mußte Großmutter erst welche annähen.

Mein Vater hat noch Ableger dieser großväterlichen *Ur-Hosenträger* getragen, ehe in den sechziger Jahren viel schmalere weinrotweiß oder graugrün gestreifte Silastikbänder in Mode kamen, die an der Trainings- oder Skihose festgeknipst und über der Brust justiert wurden. In den Siebzigern galt es als schick, grell gestreifte Träger über knallig bunten Hemden offen zur Schau zu tragen, was vor allem bei den Mädchen ganz reizend aussah. Meine ersten, viel zu weiten Jeans – eine *Levis* mit Bundweite 33 – wurden mit Hilfe eines solchen Gummizugs in Hüfthöhe gehalten; ich war stolz auf die hängenden Röhren, doch die Träger suchte ich unter anderen Kleidungsstücken zu verbergen. Manchmal verdrehten sie sich auf dem Rücken und bildeten unterm Pullover kleine Buckel. Es kam vor, daß ich sie nach dem Gang zur Toilette nicht wieder ordentlich festklemmte, so daß sich bei heftiger Bewegung einer von beiden löste – dann hing der Hosensegen schief. Und es gab Situationen, in denen man die Jeans im Liegen abstreifen mußte, beim Camping oder vorm Schäferstündchen, wenn man eng umschlungen auf der Matratze lag. Nie werde ich die Radtour mit Evi vergessen. Wir hatten mitten in der Nacht unser flaches Bergzelt aufgebaut. Es war eng und stockdunkel, und beim Ausziehen verhedderte ich mich so sehr, daß sich mit der Zeltstange und den Heringen die Spannung vorzeitig löste. Am nächsten Abend steuerten wir den Campingplatz früher an, und diesmal befreite ich mich schon auf dem Klo von meinen Hosenträgern. Auf dem Weg zum Zelt hielt ich die Hose mit der rechten Hand, dann kroch ich zu Evi hinein, und unter Verrenkungen streiften wir uns gegenseitig die Pullover über den Kopf. Beim dritten Versuch gelang es mir, den Schließmechanismus von Evis Büstenhalter zu knacken, was jedoch nichts brachte – der BH war unter ihren Hosenträgern festgezurrt.

Hosenträger, die: *paarweise vorn u. hinten am Hosenbund befestigte mehr od. minder elastische Riemen, die über die Schultern geführt werden, damit die Hose nicht rutscht*

Jenaer Bohnerattacken

Die Bohnerkeule, in ihrer abschreckenden Wirkung durchaus der *Chemischen Keule* vergleichbar, war von einer solchen Wucht, daß ich mich frage, wieso man sie ohne Waffenschein besitzen durfte. Offiziell nannte sich dieses monströseste aller Reinigungsgeräte Bohner*besen* – was für eine trügerische Verharmlosung! Obwohl die Bohnerkeule inzwischen weitgehend abgerüstet wurde, träume ich bis heute von ihr. In meinem Unterbewußtsein donnert sie noch immer über Gänge und Flure. Um den Boden auf Hochglanz zu bringen, mußte man ihren schweren, gepanzerten Borstenbauch an einer Stange vor und zurück bewegen, wobei das Kugelgelenk im Takt klackte.

In der Kaserne standen die Bohnerkeulen gleich neben der Waffenkammer. Sie wurden beim täglichen Revierreinigen im Duett geschwungen – klick-klack, klick-klack! Der Fußboden glänzte, der Hauptfeldwebel grinste, mit der Wut stieg der Blutdruck der Keulenden. Ihre Bewegungen konnten leicht außer Kontrolle geraten; immer öfter hörte man den eisernen Besen gegen die Scheuerleiste krachen. Der Hauptfeld verschanzte sich in seinem Dienstzimmer oder machte, um keinen Knochenbruch zu riskieren, einen großen Bogen um das Bohnerkeulenkommando.

Auch im zivilen Leben war der Bohnerbesen unentbehrlich. Mit seiner Hilfe wurden die gewachsten Fußböden von Kindereinrichtungen, Schulen, Krankenhäusern, Altersheimen und anderen öffentlichen Gebäuden gepflegt. Ob Dielung oder Parkett, Steinfliesen oder Linoleum, die Bohnerkeule tat ihren

Dienst. Die Waffe für das Proletariat wurde sogar als disziplinarisches Mittel eingesetzt: Weil ich einmal die Turnhalle mit Straßenschuhen betreten hatte, mußte ich zur Strafe die Halle samt Traditionszimmer unserer Schulsportgemeinschaft keulen. Ich wollte schnell fertig werden und nahm ordentlich Schwung. Im Eifer des Gefechts rammte ich den Glasschrank und schlug ihm ein Bein ab, die Messingpokale fielen um, und einige Porzellanteller mit dem Namenszug unserer Schule gingen zu Bruch. Mein Sportlehrer hätte mich am liebsten mit dem Besenstiel vermöbelt – vielleicht daher die Bezeichnung *Keule*.

Tut mir leid, an den Bohnerbesen habe ich keine friedlichen Erinnerungen. Als wir Anfang der achtziger Jahre in Jena unsere erste eigene Wohnung bezogen, drei Zimmer Altbau mit Küche und Außentoilette, begrüßte uns die Nachbarin im Kampfanzug: Kittelschürze, Kopftuch, Bohnerlappen, Keule. Kaum hatten wir die Möbel und Kisten hinaufgebuckelt, wurde hinter uns demonstrativ der ramponierte Treppenbelag ge-

wachst. Zu guter Letzt ließ die Frau ihren gußeisernen Untersatz von Stufe zu Stufe poltern – einmal klick und einmal klack, bis sie im Parterre angelangt war. Zufrieden schnaufte sie die drei Stockwerke wieder hinauf. Der ätzende Wachsgeruch machte mich schwindlig. Immer wenn ich auf halbe Treppe mußte, vorbei an der Toilette der Nachbarin, riß ich das Fenster auf, um zu lüften. Beim nächsten Gang war es wieder geschlossen. Als wir mit der *Hausordnung* an der Reihe waren, lehnte die Keule griffbereit neben unserer Wohnungstür. Wir ignorierten das Monstrum, fegten und wischten die Stufen nur. Mitten in der Nacht wurden wir von einem unangenehmen Geräusch geweckt. Klick-klack, klick-klack, hallte es im Treppenhaus. Am Morgen waren die Stufen gewienert. Wir ließen uns davon nicht einschüchtern, doch vierzehn Tage später donnerte es nächtens gegen unsere Wohnungstür: Klack-wumm, klack-wumm! Wir saßen kerzengerade im Bett und grübelten, wie wir uns gewaltlos gegen die Bohnerattacken zur Wehr setzen konnten. Meine Frau schlug vor, eine Menschenkette zu bilden; unser dreijähriger Sohn sollte die Kerze halten und ein Brecht-Gedicht aufsagen. Ich wollte die Nachbarin lieber zum Stubendurchgang überreden, um ihr anschließend bei einer Tasse Kaffee von meinen traumatischen Kasernenerlebnissen zu erzählen. Letztlich einigten wir uns auf eine Flugblatt-Aktion. Im Morgengrauen bepflasterten wir die Treppenstufen mit der Losung: »Vorsicht, frisch gebohnert!«

Bohnerbesen, der: *durch ein Gelenk mit einem Stiel verbundene Bürste mit gußeisernem Gehäuse zum Polieren eingewachster Fußböden* Bohnerwachs, das: *festes od. flüssiges Gemisch aus wachsähnlichen Stoffen zur Fußbodenpflege*

Die Kraft des Windbeutels

Automatische Personenwaagen standen auf jedem Bahnhof, in Postämtern, Kaufhäusern oder an geschützten Stellen in der Fußgängerzone. Sie forderten: »Prüfe dein Gewicht!«

»Opa, hast du einen Groschen? Ich muß mich wiegen!«

Ich stieg auf das Podest, reckte mich, schob das Geldstück in den Schlitz und hielt den Atem an. Es knirschte und quietschte hinter dem Panzer, doch der eiserne, hals- und armlose Gesell öffnete kein Auge, er hustete nur und spuckte ein gelbes Kärtchen aus. Ich nahm es aus der Mulde, betrachtete die Zahl auf dem kreisrunden Stempelabdruck und stieß triumphierend die Luft aus: »Zugenommen! Schon wieder zugenommen!«

Es gab auch Personenwaagen, die den Groschen behielten, ohne eine Wiegekarte auszuspucken; hinter dem Fenster drehte sich eine weißrote Blechscheibe, die irgendwann stehenblieb und die Kilozahl anzeigte. Das war für mich kein Glücksrad.

»Oma, hast du einen Groschen?«

»Du hast dich doch vorhin erst gewogen.«

»Aber jetzt bin ich schwerer.«

Wieder setzte sich rasselnd der Stempel in Bewegung. Hinter einer Glasscheibe war der Stapel Pappkärtchen zu erkennen, der mit jedem Wiegevorgang kleiner wurde.

Die Großeltern gingen im Urlaub viel spazieren und kehrten nachmittags in eine Konditorei ein. Der Weg führte am Bahnhof vorüber, wo die Waage stand. Ich wog mich *leer* und auf dem Rückweg mit Streuselkuchen, Bienenstich oder einer Bockwurst im Bauch. Anschließend notierte ich mit Kuli die Inhalte auf der Rückseite der Karte. Mit Hilfe eines Stückes Buttercreme-torte, eines Eclairs und dreier Windbeutel erzielte ich einen Familienrekord.

Doch der war nicht von Dauer: Zwischen meinem Bruder und mir brach der *Wiegekartenneid* aus, das Wettbewerbsfieber stieg. Wir tranken literweise Milch und Limonade, stopften am Morgen Marmeladenbrötchen und am Abend Wurst- und Käsebrote in uns hinein, löffelten zu Mittag zwei bis drei Teller Kartoffelsuppe oder verschlangen zwölf bis fünfzehn Hefeklöße. So lange es ging, verzögerten wir den Gang zur Toilette. Endlich der Spaziergang am Bahnhof vorbei. Die Waage ratterte und spuckte. Die gedruckten Belege sammelten wir in der Hosentasche, um sie bei Gelegenheit als Trümpfe gegeneinander auszuspielen: »36 Kilo! 37,5!« rief mein Bruder. – »Pustekuchen! 41 Kilo! 42,5!« konterte ich.

Unschlagbar war ich, wenn ich in Begleitung meiner Eltern an einer Personenwaage vorbeikam, und wir hatten Nelli, unseren dicken Zwergspitz, an der Leine. Dann bestand nämlich die Chance, sich gleich zweimal hintereinander wiegen zu lassen: erst mit Nelli auf dem Arm, dann ohne. Substrahierte ich mein Körpergewicht von jener Summe, die wir gemeinsam auf die Waage brachten, blieb exakt das Gewicht des Hundes: Nelli wog zwischen dreieinhalb und vier Kilo. Die Schummelkarte bewahrte ich als Joker auf. Lieber noch hätte ich die Jokerkarte meiner Mutter besessen. Auch meine Mutter wog sich manchmal mit Nelli auf dem Arm, verzichtete jedoch auf den zweiten Wiegevorgang; ihr Körpergewicht betrachtete sie als *Konstante*. Meist hieß es, der Hund hat schon wieder zugenommen.

Personenwaage, die: *an öffentlichen Plätzen aufgestellte automatische Waage zum Wiegen von Personen*

Bin nur ein Tintenkleckser auf Erden

Acht Uhr am Abend: Wie beginnt man einen Brief? Einen Liebesbrief? Liebe, liebste, allerliebste, lieblichste ...? Oder einfach: Hallo Anna? Ach Anna, eigentlich wollte ich Dich heute anrufen, doch ein Unwetter hat die Energieversorgung im Wohngebiet gekappt. Ein Blitzschlag mitten ins Trafohäuschen, das ist Schicksal. Ohne Strom streikt mein *Schnurloses*. Ohne Strom läßt sich mein PC nicht hochfahren, und der Akku meines Handys ist leer. Ohne Saft regt sich überhaupt nichts mehr in diesem Bau. Tut mir leid, Anna, kein Ferngespräch, keine E-Mail, nicht mal eine SMS kann ich Dir senden ... Notgedrungen muß ich, was ich sagen wollte, nun mit der Hand niederschreiben, bei Kerzenschein zwischen kalter Mikrowelle und totem Telefon. Weißt Du, was das heißt: mit einem Stift Buchstaben formen auf weißem Papier? Weißes Papier! Als ich im Halbdunkel nach einem Briefbogen tastete, ihn bleich wie Schnee im Mondlicht schimmern sah, überfiel mich Deine Gestalt, Dein Andenken, o Anna! So heilig, so warm! Nach langem Suchen fand ich schließlich auch einen Füllfederhalter – guter Gott!, der erste glückliche Augenblick. Aber wie weiter? Wie artikulieren ...?

Nach neune: Wenn Du mich sähest, meine Beste, in dem Wust von Blättern, von Briefanfängen – wie ausgetrocknet meine Sinne! Nur Floskeln und Flausen im Kopf! Muß ich mich meiner Buchstabierung schämen? Ich pfeife auf alle E-Mail-Server, Call-Zentren und Fax-Anstalten. Wohl bin ich nur ein Schreiber, ein Tintenkleckser auf der Erde! Seid ihr denn mehr ...?

Nach zehne: Wieder vollendet sich eine Zeile, mühsam füllt sich Blatt um Blatt. Was ist das, Liebste? Ich erschrecke vor mir selbst! Halte ich wirklich nur Papier und Stift in meinen Händen? Mir ist, Anna, als hielte ich Dich in meinen Armen, fest an meinen Busen gedrückt, und meine Feder deckte Deinen liebelispelnden Mund mit unendlichen Küssen; mein Aug schwimmt in der Kerzendunkelheit des Deinigen! Anna! Anna ...!

Nach elfe: Alles ist still um mich her, so samtig meine Seele. Welch ein Glück, daß weder Fernseher noch Radio die Ruhe stören. Kein Funke kann der Klingel Schwall erwecken. Ich schreibe und schreibe ... Manchmal halte ich inne, entspanne die schmerzenden Finger, trete ans Fenster und sehe noch durch die stürmenden, vorüberfliehenden Wolken einzelne Sterne des ewigen Himmels. O Anna, was erinnert mich nicht an Dich ...!

Nach zwölfe: Inge ist gekommen und verlangt ihr Abendbrot. Ihr Fell ist ganz sturmzerzaust. Doch wo steht der Trockenfuttersack? Meine Katze mag sich im Halbdunkeln besser zurechtfinden als ich, doch tintenklecksen kann sie nicht. Sie ist kein Kater Murr. Sie murrt nur. Aber was tu ich? Ich lege den Stift beiseite, falte und siegle das Papier. Aus Furcht – bist Du, Anna, womöglich allergisch?! Kein Wort mehr, kein einziges Katzenhaar! Der Havariedienst fuhr soeben am Haus vorüber in Richtung Trafostation, er wird den Schaden bald beheben. Ich jedoch werde die Postille zum Postamt tragen. Ade, Anna, Anna, ich mag nicht weiter radotieren ...

PS: Bitte verzeih, wenn nicht alle Worte und Wendungen, die ich mit meinem Herzblut vor Dich hin tröpfelte, in meinem Kopf gediehen. In der Verzweiflung warf ich den Rettungsanker wider meine Hausbibliothek, nahm ein Büchlein des großen Dichters G. zu Hülfe und kupferte ein wenig bei ihm ab ... Lebe wohl! Und meinst Du nicht auch, daß man den Brief, dieses letzte Mysterium des kleinen privaten Wortverkehrs, mit auf die Liste der vernachlässigten Umgangsformen setzen sollte? Erst recht den Liebesbrief. Allen Segen des Himmels über Dich! Der Strom kehrt zurück. Es wird Licht, der Computer summt, das Telefon schrillt ...

Brief, der: *schriftliche, in einem (verschlossenen) Umschlag übersandte Mitteilung*
Liebesbrief, der: *zärtlicher Brief zwischen Verliebten*
Postskriptum, das: *(Abk. P. S.) Nachschrift, Nachsatz unter Briefen*

Tiefstart aus der Grube

Schnell aus den Startlöchern kommen – wer verbindet diese Redewendung noch mit der guten alten Aschenbahn? Vor jedem Wettlauf gruben wir uns ein. Natürlich nur so weit, bis die Füße im Untergrund Halt fanden und man sich auf Kommando optimal abstoßen konnte. Auf die Plätze, fertig ... Bei los! stoben wir in einer Staubwolke davon.

Ich taugte nicht zum Sprint, ich war zu lang und schlaksig. Doch um den Sechzig-Meter-Lauf im Sportunterricht kam ich nicht herum. Da ich auch noch zu träge war, mir meine eigenen Löcher zu buddeln, hockte ich mich in die Grube meines Vorläufers. Wenn ich Pech hatte, war es ein Linksfuß, und ich lief schon mit verdrehten Beinen los. Später kamen Startblöcke zum Einsatz, die wir vom Geräteraum der Turnhalle zum Sportplatz trugen und mit Hilfe eines Holzhammers in den Boden rammten. Man konnte die Klötzchen an den Seiten paßgerecht einstellen, was mir aber auch nicht viel nützte. Meist geriet ich beim Abstoßen ins Stolpern und richtete mich zu früh auf, aus Angst, ich könnte nach vorn überkippen und der Länge nach hinschlagen. Ich ahnte doch, was meine Mitschüler dachten: Guck mal, der Lulatsch ... Nach dreißig Metern lag ich bereits hinter dem Feld. Ich besaß noch keine Spikes, lief in meinen taubenblauen Volleyballturnschuhen mit Gummisohle. Beim Schulsportfest rutschte ich kurz vor der Ziellinie weg und machte hautnahe Bekanntschaft mit der Bahn; ihre Bestandteile, feinkörnig gemahlene Schlackestückchen, gruben sich tief in meine Erinnerung ein ...

Ich bin kein Masochist, nimmer würde ich die Aschenbahn, die in den Leichtathletikstadien längst durch sauberen, pflegeleichteren und vor allem rekordträchtigeren Kunststoffbelag ersetzt worden ist, hier erwähnen, verbänden sich mit ihr nicht auch persönliche Erfolgserlebnisse, ja sogar Triumphe! Ich bin mit der Zeit nicht antrittsschneller geworden, aber ausdauernder. Mit elf startete ich meine kurze Karriere als Mittelstrekkenläufer, und auf der Schlacke des Potsdamer Dynamo-Stadions erkämpfte ich mir meine erste Spartakiade-Medaille über 800 Meter. Es goß in Strömen, und die Bahn war tief, der Dauerregen hatte sie aufgeweicht. »Lauf auf der zweiten Bahn«, wies mich mein Sportlehrer an. Die Innenbahn sah aus, als wäre eine Schafherde über sie hinweg galoppiert. Wir stellten uns im Bogen auf, die Kreidelinie war nur noch zu erahnen. Im Innenraum drängten sich unter einem schützenden Regenschirm die Kampfrichter mit ihren Stoppuhren. Auf die Plätze ... Der Starter hielt seine Schreckschußpistole schräg in die Luft und kniff die Augen zu. Doch der Knall blieb aus. Der Schuß löste sich auch beim zweiten Versuch nicht. Eine Startklappe mußte her. Auf die Plätze, fertig ..., klapp! Wir rannten los. Alles drängelte auf die ausgelatschte Innenbahn, wo prompt der führende Läufer ins Straucheln geriet und zwei, drei nachfolgende mit zu Boden riß. Ich machte lange, raumgreifende Schritte, und obwohl ich in den Kurven den weitesten Bogen lief, lag ich am Ende vorn.

Meine zweite Spartakiade-Medaille errang ich beim Kugelstoßen; die Kugel wird wohl heute noch auf Asche oder Rasen gestoßen, schon weil man nicht nach jedem Einschlag den Tartanbelag erneuern möchte. Mit meinem Sieg – ich glaube, ich schaffte acht Meter und ein paar Zerquetschte – hatte niemand gerechnet, am wenigsten ich selbst. Mein Sportlehrer hatte mich

zum Wettkampf angemeldet, weil ich Schulbester im Schlag-
ballweitwurf war. Ich hatte so lange Arme, daß ich das Geschoß
ohne große Anstrengung weit über die Norm schleudern konnte, mitunter reichte das Bandmaß nicht. Meine Größe verhalf
mir auch zum Siegesstoß. Im Ring überragte ich die Konkurrenz
um Haupteslänge. Während die kleinen Kraftpakete ächzend
von unten nach oben stießen, machte ich es umgekehrt. Ich
richtete mich auf und streckte den Arm. Aus mir hätte ein
Olympionike werden können, doch irgendwann hörte ich auf
zu wachsen.

Aschenbahn, die: *mit einer Unterlage aus gemahlener Schlacke be-*
festigte u. gewalzte Bahn für Laufwettbewerbe
Schlagball, der: *80 g schweres, ballförmiges Wurfgerät aus Leder mit*
Gummikern (urspr. für das Schlagballspiel, das mit dem engl. Kricket
u. dem amerik. Baseball verwandt ist)

Schlafen Sie gut!

Ich höre meinen Vater rufen. Er steht auf dem Dach unseres Hallenser Wohnblocks und wackelt an der Antenne, die auf den Brocken gerichtet ist. »Jetzt? Und jetzt ...?« Meine Mutter hat sich aus dem Fenster gelehnt, aber nur so weit, daß sie den Fernseher noch im Blickfeld hat, und meldet jede Veränderung nach oben. Ich sitze im Zimmer, sehe bald Schneegegriesel, bald horizontale Streifen auf dem Schirm. Dann wiederum tauchen wie aus dem Nichts Geister auf und ziehen zwei bis drei Schatten hinter sich her. Es knistert und rauscht, als würde in der Nähe ein UFO landen. Irgendwann geben sich die Eltern zufrieden, mein Vater kommt die Bodentreppe herunter und begutachtet sein Werk. Es läuft gerade der *Abendgruß*, ich schließe Bekanntschaft mit dem Sandmännchen. Wir schreiben das Jahr 1962, und der Fernsehapparat, integriert in eine Musiktruhe, die außerdem noch Radio und Plattenspieler enthält, ist unsere vorgezogene Weihnachtsüberraschung, ein Geschenk für die ganze Familie.

Die Großeltern auf dem Heidedorf wollen nicht mit ins Televisionszeitalter, sie sträuben sich, bis wir Enkel sie unter Druck setzen: »Ohne Fernseher ist doch langweilig!« Da fürchten die Alten, daß wir sie nicht mehr besuchen, fahren nach Bitterfeld und geben im Fahrradladen, der neuerdings auch Waschmaschinen und *Fernsehelektronik* führt, die Bestellung auf. Wochen später steht die Kiste in der Großelternstube, auf vier leicht abgespreizten Holzbeinen, ein fabrikneues Schwarzweißgerät mit ovaler Bildröhre, das erst nach dem Abendbrot angeschaltet wird. Wir sollen Abstand halten, warnt Großmutter, »wegen der Radioaktivität«. Es dauert eine Weile, ehe sich die Mattscheibe mit Leben erfüllt. Eine Ansagerin mit Dutt führt durch das Programm. Es gibt nur dieses eine, jedenfalls bei uns, Westen ist tabu. Heute läuft ein heiteres Fernsehspiel mit Herbert Köfer und Ingeborg Krabbe, und Großmutter reicht eine Schachtel Weinbrandbohnen mit Kruste herum. Danach beginnt die Live-Übertragung des Eishockey-WM-Spiels UdSSR–DDR. Großmutter kommt gerade noch dazu, die Standardfrage zu stellen: »Welche sind unsre?«, da steht es schon eins zu null. Großvater ist aufgesprungen und hat vor Begeisterung seinen rechten Pantoffel verloren. Als im Gegenzug der Ausgleich fällt, sinkt er in den Sessel zurück. Auch der Pantoffel hängt wieder am Fuß und wippt nur noch, wenn »Unsre« sich mal aus dem Powerplay der Sowjets befreien und der lange Ziesche bis ins gegnerische Drittel vorstößt. Großmutter knipst die Fernsehlampe an, sie kann den Puck nicht mehr erkennen. Der ist auch viel zu klein, und das Bild wird immer dunkler. Beim Stand von eins zu elf flackert es noch einmal auf, um schließlich ganz zu erlöschen. »Ins Bette!« kommandiert Großvater harsch, nachdem er alle Schalter probiert und auch vergeblich am Antennenkabel gerüttelt hat. Am nächsten Morgen wird der Apparat zu Schnelles gekarrt. »Die

Bildröhre«, stellt Elektromeister Schnelle fest, »ist hinüber.« Eine neue muß er erst besorgen.

Die Television aber ist nicht aufzuhalten, sie bringt die Welt in unser Wohnzimmer; eines Tages räumen meine Eltern die Fernsehtruhe wieder raus, um Platz für den neuen *Buntfernseher* zu schaffen. Es gibt inzwischen zwei Programme, eigentlich vier, wir können nun »Der Staatsanwalt hat das Wort« und »Polizeiruf 110« in Farbe und, wenn die Eltern mal nicht da sind, heimlich »Winnetou« und »Disco« gucken. Die Großeltern sehen den »Kessel Buntes« weiterhin schwarzweiß, allerdings thront jetzt auf der Flimmerkiste ein kleines Zusatzgerät für den Empfang des Zweiten, der Kanalschalter ist auf Osten geeicht. Beim Fußball-WM-Schlager BRD–DDR fällt das Bild wieder aus, unmittelbar nach dem Sparwasser-Tor, weil Großvaters im Jubel abgefeuerter Pantoffel den Konverter traf. Schnelle behebt den Schaden am nächsten Tag, ohne Fernsehen können die Alten nämlich nicht mehr einschlafen. Zu den Spätnachrichten schnarcht Großvater im Sessel. »Paul, 's ist Zeit!« Ehe er sich hochhievt und Großmutter in die Schlafstube folgt, mahnt er: »Zieht nachher den Stecker raus!« Mein Bruder und ich gucken weiter, schalten auf beiden Kanälen hin und her, bis zum Sendeschluß. Als die National-hymne ertönt, fallen die Großeltern nebenan vor Schreck fast aus den Betten. Es ist die falsche.

Schwarzweiß-Fernseher, der: *elektr. Röhrengerät zum Empfang von schwarzweißen Fernsehbildern*
Sendeschluß, der: *Ende des Abend- bzw. Nachtprogramms*

Hot Love

Lange Haare, speckige Jeans, Stielkamm und *Kofferheule* zeichneten in den siebziger Jahren den unangepaßten Jugendlichen aus. Stundenlang lungerte er an der Straßenecke und ließ Musik dröhnen. Beatmusik! Das machte Eindruck auf Mädchen und ärgerte die Erwachsenen, die mit Schimpfworten wie Gammler, Herumtreiber, arbeitsscheu und asozial nicht geizten. Der tragbare Transistorempfänger hatte neue Freiheiten gebracht, man war beim Hören des *Rias Treffpunkt* und der *Schlager der Woche* nicht mehr an den stationären Röhrenapparat gebunden und konnte überall die Umgebung beschallen. Ich nahm mein Kofferradio höchstens mal zum Zelten mit, denn zum Eckenstehen fehlte mir die Zeit. Der Beatmusik frönte ich lautstark in meinem Zimmer. Sie schepperte aus einem Stern-Radio *Elite-N Super*, das ich mir vom Jugendweihegeld geleistet hatte; der schicke Koffer mit Henkel und Teleskopantenne kostete 690 Mark und wog, inklusive Batterien, etwa zehn Kilo. Über ein Diodenkabel war das Radio mit meinem stets aufnahmebereiten Tesla-Tonbandgerät verbunden. Täglich verfolgte ich die Hitparaden und Plattenwunschsendungen. »Mach mal die Affenmusik leiser!« verlangte mein Vater, wenn ich bei den Hausaufgaben zu den Bässen von *Ten Years After* stampfte.

Die Kofferradio-Generation schied sich in zwei Lager: das der Beatles- und das der Rolling-Stones-Fans. Ich war lange Zeit *Beatle* und bin erst spät zu Mick Jagger und den Seinen konvertiert. Da hatte ich schon an die zweihundert Beatles-Songs auf Band, weil ich einer Mitschülerin imponieren wollte. Während des Unterrichts summte ich »Hey Jude« und »Penny Lane«, was mein in Operetten vernarrter Klassenlehrer als ideologische Verirrung wertete. Meinem Schwarm in der Bank vor mir gefiel es. Sie hieß Marion, doch aus irgendeinem Grund nannte sie sich *Sweety*. Vielleicht weil sie glattes schwarzes Haar, dazu große, dunkle Augen und lange, schwarzgetuschte Wimpern hatte. Sie trug mit Vorliebe schwarze Jeans und schwarze Pullover. Eigentlich war sie ein *Gruftie* der ersten Stunde, doch diesen Ausdruck kannten wir damals noch nicht. Sweety hatte einen schönen Mund, der sich zum Anbeten eignete. Eines Tages erklärte sie mir, sie stehe nicht mehr auf Beatles, sie sei jetzt T.-Rex-Fan. Ich verbannte meine Beatles-Bänder in den Schrank und verbrachte wieder Nächte am Kofferradio, in Erwartung eines Songs von Marc Bolan. T. Rex wurde seltener gespielt als John Lennon und Paul McCartney, obwohl man die Gruppe nach der Trennung der Beatles kurzzeitig als ihren Nachfolger gehandelt hatte. Trotzdem hatte ich bald zwei Dutzend T.-Rex-Titel auf Band. Auf dem Klassenfest spielte ich mehrmals hintereinander »Hot Love«. Meine Mitschüler stöhnten, doch Sweety federte in den Knien, schwang glücklich die Arme und sang den Endlosrefrain mit: »Na-na-na nanana-na, na-na-na nanana-na ...«

An jenem Abend durfte ich sie heimbegleiten. Als wir vor ihrer Haustür standen, senkten sich Sweetys Wimpern. Ihre Lippen sangen noch immer »Na-na-na nanana-na«, und ich traute mich nicht, sie zu küssen. Danach konnte ich nicht einschlafen und setzte meine Hoffnung auf eine Gartenfete ein paar Wochen später. Meine Angebetete erschien in fliederfarbenen Turnschuhen und mit lila Halstuch. Ich legte das T.-Rex-Band auf und spielte erst »Get It On«, dann »The Children Of

The Revolution«, doch als ich Sweety zum Tanz aufforderte, blieb sie sitzen. Ohne mit der Wimper zu zucken, fragte sie: »Hast du nicht ›Sweet Child In Time‹ von Deep Purple?« Das war ein Stich ins Herz. Zwar hatte ich von der langmähnigen, E-Gitarren schrammelnden Gruppe gehört, aber nicht einen einzigen Titel von ihr auf Band. Wahrscheinlich hätte ich die folgenden Nächte wieder neben meinem Elite-Radio verbracht und mich noch zum Hardrocker gemausert, wäre Sweety nicht nach der Fete mit diesem Affen davongezogen, einem Deep-Purple-Fan.

Kofferradio, das: tragbarer, batteriebetriebener Rundfunkempfänger auf Transistorenbasis mit kofferähnlichem Gehäuse

Schnurren im Bett

Die Axt im Haus ersetzt bekanntlich den Zimmermann. In manchem Haushalt ersetzt die Wärmflasche den Ehegatten oder die Frau, vielleicht auch umgekehrt. Als Kind weigerte ich mich, im Winter in mein eiskaltes Gitterbett zu steigen. Mein Vater mußte das Federbett aus dem unbeheizten Schlafzimmer holen und in der Wohnstube vorwärmen. Ich sehe ihn noch mit der Zudecke zwischen den ausgebreiteten Armen am Kachelofen stehen. Auf Vorwürfe meiner Mutter, er würde mich verweichlichen, reagierte er nicht. Mein Vater war selbst sehr wärmebedürftig. Nach seiner Geburt hatte er zwischen heißen Ziegelsteinen gelegen, ein *Frühchen* von knapp zweieinhalb Pfund. Sein Kinderkorb stand in der Küche; die Ziegel wurden auf dem Herd erhitzt, in Tücher gewickelt und rund um den Säugling verteilt. »Kleene Kinner und kleenes Viehzeuch wulln warme sticken!« wußte mein Großvater aus Erfahrung.

Alte Leute frieren das ganze Jahr über und nehmen gern ihre Katze mit ins Bett. Das ist nichts für Allergiker, aber gut fürs Gemüt. Und Balsam für die Knochen. Vorausgesetzt, die Katze fühlt sich wohl und schnurrt. Schnurren ist nämlich, dies belegen neueste wissenschaftliche Experimente, die beste Therapie für den Stützapparat. Die antirheumatische Wirkung des Katzenfells war schon meiner Urgroßmutter bekannt; sie legte sich, als ihre Katze gestorben war, deren Fell über die Knie. Mein Großvater, der bei Wind und Wetter zur Arbeit in die Ziegelei nach Muldenstein radelte, nähte sich aus Katzenfellen Nierenschützer. Doch die lindernde, ja heilende Wirkung lebender Katzen ist, wie ein altes Sprichwort belegt, noch um ein vielfaches höher: »Wenn man eine Katze und einen Haufen gebrochener Knochen nebeneinanderstellt, heilen die Knochen.«

Ich kann das bestätigen, denn als ich mir mein Sprunggelenk verstaucht hatte, legte ich mir Inge über den Fuß und kraulte sie hinter den Ohren, bis sie schnurrte. Am nächsten Tag war der Schmerz weg. Verhaltensforscher aus North Carolina sind dem Rätsel auf die Spur gekommen. Katzen, so fanden sie heraus, haben nicht nur die berühmten sieben Leben – die es ihnen unter anderem erlauben, aus dem fünften Stock eines Hauses zu fallen und wohlbehalten auf allen vieren zu landen –, sondern verfügen auch über eine Art Ultraschallmotor. Dieser erzeugt einen pulsierenden Ton von 23 bis 30 Hertz, der die Knochendichte erhöht und ein schnelleres Knochenwachstum sowie eine kürzere Heilungsdauer bei Verletzungen bewirkt, heißt es in der Studie. Schnurren macht gesund.

Wer keine lebende oder tote Hauskatze zur Verfügung hat, muß sich mit der Wärmflasche behelfen. Aber Vorsicht! Mir ist sie mal im Bett aufgegangen, und ihr Inhalt hat mir die Füße verbrüht. Die Flasche war aus Gummi, sie wurde mit heißem Wasser gefüllt. Nach einer gewissen Zeit kühlte sie ab, und ich stieß sie aus dem Nest.

Die Technik hat auch auf diesem Gebiet für Erleichterung gesorgt, die elektrisch beheizbare Decke zog in die Schlafzimmer ein. Noch heute gehen zur kalten Jahreszeit viele Leute, selbst jüngere, mit ihrem Heizkissen ins Bett. Ich weiß, daß Anna ein solches benutzt. Sie versteckt es vor mir hinter ihren Bücherregalen. Ich stelle mir Annas Heizkissen als einen Schlafrock vor, Schottenmuster, mit einem langen Kabel und einem Druckschalter. Manchmal vergißt sie, das Ding vorm Einschlafen abzuschalten, und erwacht mit Hitzewallungen. Inzwischen soll es ja Wärmekissen und Wasserbetten in Hightech-Ausführung geben, die man auf jede gewünschte Temperatur vorheizen kann. Das ist beinahe wie im Paradies. Doch wenn man Pech hat, liegt man am Abend warm, aber allein. Schöner ist es, man liegt kühl und kann sich an der oder dem Liebsten wärmen, bis es schnurrt.

Wärmflasche, die: *urspr. aus Metall, später aus Gummi bestehendes verschraubbares Gefäß, das, mit heißem Wasser gefüllt, Wärme spendet*

Heizkissen, das: *von einem elektrisch zum Glühen gebrachten Widerstandsdraht beheiztes Kissen*

Netz ohne Boden

Ich kann es nicht leugnen, ich bin ein *Beuteldeutscher*. Schon als ich fünf war, schickte mich meine Mutter mit dem Einkaufsbeutel los. Er enthielt einen Zettel und ein Kinderportemonnaie mit dem abgezählten Kleingeld. Ich reichte alles zusammen der Bäckersfrau über den Ladentisch und erhielt den Beutel voll warmer, duftender Brötchen zurück. Zwei Jahre später schlenderte ich damit über die Moskauer Hinterhöfe zum Brotladen am Leninski Prospekt. Ich sollte ein kleines Weißbrot für fünf Kopeken holen. Angesichts der knusprigen Kringel, die, auf Bindfäden geschnürt, Wände und Regale des Geschäfts zierten, verlor ich mein Ziel aus den Augen. Vor allem aber war ich den russischen Mütterchen nicht gewachsen, die mich im Gerangel rücksichtslos beiseite schoben, und ehe sich eine der Verkäuferinnen meiner erbarmte, war das Brotregal leer. Mit fünf Kringeln im Beutel trabte ich heim.

Als Student und sorgender Familienvater wurde ich in der DDR selbst zum Jäger. Ob im Konsum, in der HO oder im *Delikat*-Geschäft, beinahe täglich spähte ich die Regale aus. Kontrollblick in die Einkaufskörbe der anderen: Was gibt's? Es gab immer etwas. Aber in der Regel nicht das, was man gerade brauchte. Also nahm man, was gerade knapp war. Weil es an so vielen Dingen mangelte, gab es Faltbeutel im Überfluß. Der Beutel war praktisch, denn er paßte bequem in die Hosen- oder Jackentasche. War er mal nicht zur Hand, suchte man an den Packtischen vergeblich nach Ersatz. Plastiktüten gab es nur im Westen oder im Hollywood-Film. In »Kramer gegen Kramer«

sah ich Dustin Hoffman bis über beide Schultern mit Tüten bepackt aus einem Supermarkt wanken – was für eine Verschwendung!

Der ökologisch überlegene Faltbeutel wurde aus Verschnitten der Kittelschürze hergestellt und in jedem Haushaltswarenladen angeboten, in unterschiedlichster Ausführung, sogar mit eingenähtem Geldtäschchen, Druckknopf und verstärkten Henkeln. Der echte war aus *Dederon*, dem Nylon des Ostens, daher wasch- und unverwüstbar. Wer keine fünf Mark ausgeben wollte, nähte sich selber einen aus alten Kleidern, Gardinenstoffresten oder einem ausgedienten Regenschirm. Mit seinen grellen Streifen-, Kringel- und Blütenmustern sorgte der Beutel für Farbtupfer in der Stadt- und Dorflandschaft und ließ selbst die tristeste Schlange vor einer Kaufhalle in biederem Volkskunstambiente erblühen.

Die meiste Zeit hing er schlaff am Handgelenk. Waren jedoch ungarische Pfirsiche oder Wassermelonen aus Bulgarien eingetroffen, entfaltete der Beutel ein ungeheures Fassungsvermögen. Mal versanken fünfzehn Büchsen Hansa-Fischsuppe in seinem Inneren, mal zehn Packungen H-Milch, dann wieder zwanzig Flaschen Radeberger Exportpils. Übertroffen wurde der Faltbeutel noch vom Kunstfasernetz, das leicht und weich in der Hand lag wie Wolle. Im Bedarfsfall konnte es die doppelte bis dreifache Warenmenge eines Faltbeutels aufnehmen. Das Gewebe dehnte sich bei Belastung, die Maschen zogen sich in die Länge und Breite und hielten doch die Beute. Zehn Pfund Kuba-Orangen waren kein Problem. Selbst zwanzig Kilo Kartoffeln verschwanden darin. Falls es überraschend Bananen gegeben hätte, hätte man im Handumdrehen zwei, drei Zentner wegschleppen können. Zuweilen sieht man den Faltbeutel noch – oder wieder – am Handgelenk eines Rentners.

Faltbeutel, der: *bis 1990 im Osten übliches, zumeist aus Dederon,* *aber auch aus anderen Stoffen genähtes, falt- u. waschbares Behältnis,* *das in jede Hand-, Hosen-, Jacken- od. Manteltasche paßt*

Kunstfasernetz, das: *winziges Netz aus gefärbter Kunstfaser, das sich* *unter Belastung dehnt u. auseinanderzieht*

Anruf Freitag, siebzehn Uhr!

»Was ist das«, werden mich eines Tages die Enkel beim Spaziergang durch meine Provinzstadt fragen, »für ein ulkiger Glas-
kasten da an der Ecke?« – »Das war mal eine Telefonzelle«, werde
ich erwidern, und meine Enkel werden sich wundern: »Wieso
hat man die Handys darin eingesperrt?«

Soll ich ihnen von vorsintflutlichen Apparaten mit schnar-
renden Wählscheiben erzählen, die fest stationiert waren und
doch nur Ortsgespräche gestatteten? Es sei denn, man wählte
ein Amt und ließ sich vermitteln. Ich sehe mich auf der Haupt-
post erst in der Schlange stehen, dann eine Verbindung anmelden und warten, bis meine Nummer aufgerufen wird. Ich
betrete die mir zugewiesene Holzkabine. »Bitte sprechen Sie!«
höre ich die gereizte Stimme der Telefonistin. Und ich rede,
rede schnell und wie gehetzt, weil ich
weiß, daß ein Dutzend Leute nur
darauf wartet, nach mir an die
Reihe zu kommen. Nachdem
ich aufgehängt habe, stelle
ich mich an die Spitze der
Schlange und wende mich
demütig wieder an die
Telefonistin, die mir die
Gesprächsdauer mit-
teilt und die entspre-
chende Gebühr kas-
siert.

In den achtziger Jahren durften wir ein eigenes Telefon anmelden, das man in der DDR aber nicht bekam, es sei denn, man war Arzt, Bürgermeister, Parteifunktionär, Offizier oder *Verdienter Künstler des Volkes*. Als Normalbürger hatten wir die Wahl, im Notfall bei einem privilegierten Nachbarn zu klingeln oder auf der Suche nach einem Münzfernsprecher durch die Straßen zu irren. Hatte man endlich einen gefunden, war, wenn man Pech hatte, gerade wieder der Hörer abgerissen worden, oder es klemmte eine Münze im Schlitz.

Am abenteuerlichsten war das Telefonieren auf dem Lande. In M. gab es nicht mal eine öffentliche Telefonzelle; zum Anrufen mußte man zur Poststelle, die nur stundenweise geöffnet hatte, oder – was bequemer war – zu Zunders auf der anderen Straßenseite. Familie Zunder hatte einen Lebensmittelladen mit Telefon. Wollten wir mit den Großeltern telefonieren, schrieb Vater vorher einen Brief, in dem er Tag und Uhrzeit des Ferngesprächs ankündigte. In dringlichen Fällen schickte er ein Telegramm: »Anruf Freitag, 17 Uhr!«

Um dreiviertel fünf standen die Großeltern dann im Hinterstübchen des Ladens vor dem schwarzen Telefonapparat und warteten. Aufregung auch bei uns. Vaters Telefon war mit dem Friseursalon gekoppelt, was zur Folge hatte, daß immer nur einer telefonieren konnte, entweder der Friseur oder wir. Telefonierte der Friseur, war unser Anschluß besetzt. Wir wußten nie, ob die Leitung zum angekündigten Zeitpunkt frei sein würde. Es kam vor, daß unser Telefon das ganze Wochenende nicht funktionierte, weil der Haarabschneider zum Feierabend den Hörer nicht richtig aufgelegt hatte. Punkt fünf wagten wir die Probe aufs Exempel. Vater nahm den Hörer ab, lauschte und nickte erleichtert. Das Freizeichen war da. Dann steckte er den Zeigefinger in die Wählscheibe, ließ sie schnarren und wartete, bis sich das Fräulein vom Amt meldete. Er nannte Nummer und Namen und fügte hinzu: bei Familie Zunder. Mein Bruder und ich hielten den Atem an. Endlich drehte Vater sich herum: »Jetzt klingelt's!«

Ich erinnere mich, wie wir Urgroßmutter von Moskau aus telefonisch zum 85. Geburtstag gratulierten. An jenem 21. Dezember 1964 wartete auch sie mit im Laden, daß das Telefon klingelte. Wir rufen jetzt die Urgroßmutter an, verkündete Vater.

Zuerst sprach er russisch, um ein Gespräch in die DDR anzumelden. Dann wurde er nervös, denn er fand die Nummer nicht mehr. Vater verlangte das HO-Lebensmittelgeschäft Elli Zunder in M., Kreis Bitterfeld. Während die Telefonistin im Telefonbuch suchte, brach die Verbindung ab. Beim zweiten Versuch war ein anderes Fräulein dran. Zunder, wiederholte Vater und nannte nochmals Ort und Kreis. Das Gespräch wurde durchgestellt, doch am anderen Ende der Leitung meldete sich ein Herr Zander aus Pouch. Beim dritten Mal klappte es endlich, und Vater hatte Verkaufsstellenleiterin Elli Zunder am Apparat.

Obwohl er schon als Kind im Kolonialwarenladen Zunder eingekauft hatte und mit einem der Zunder-Jungen zur Schule gegangen war, behielt er den förmlichen Ton bei. Er hätte gern mal seinen Vater gesprochen, wenn dies möglich wär. Es war möglich, denn Großvater stand ungeduldig neben ihr. Nach kurzer Begrüßung und längerem Austausch über das Wetter wünschte Vater, das Geburtstagskind zu sprechen. Seine Stimme wurde lauter, weil Urgroßmutter schwerhörig war. »Alles Gute zum Geburtstag!« schrie er. »Wie geht's?« Eine Weile horchte er konzentriert und fragte dann: »Was gab's denn heute zu Mittag? Speckkuchen? Na, das hast du dir doch gewünscht ...!« Mein

Bruder und ich scharrten nervös mit den Füßen. Vater drehte sich zu uns herum und hob die Hand. »Warte mal, deine Urenkel wollen noch mit dir sprechen ...«

Alle Fragen von familiärer Brisanz waren abgehandelt, uns blieb nur, von den schulischen Aktivitäten zu berichten. Er sei Wandzeitungsredakteur und arbeite im Astronomiezirkel mit, verkündete mein Bruder. »Lauter, Junge, du mußt lauter sprechen!« zischte Vater. Mein Bruder verstummte und reichte den Hörer an mich weiter. Ich preßte die Muschel ans Ohr und vergaß vor Schreck, was ich sagen wollte. »Hallo!« brüllte ich. »Hallo Urgroßmutter, ist der Speckkuchen schon alle?«

Telefonzelle, die: *Kabine, in der ein Münz- od. Kartentelefon installiert ist*
Handvermitteltes Ferngespräch, das: *Telefongespräch zwischen zwei Ortsnetzen, das über eine Amtsperson vermittelt wird*
Wählscheibe, die: *(eigentl. Nummernschalter) Funktionsmodul eines analogen Telefons mit Fingerlochscheibe (rechtsdrehend) von 1 bis 9 sowie 0, Fingeranschlag u. Rückdrehfeder, mit dem die gewünschte Telefonnummer zur Vermittlungsstelle signalisiert wird*

La Paloma ade

Zu den sonderbarsten Freizeitaktivitäten meines Vaters gehörte das Skatspiel. Ich sage sonderbar, weil er nicht selber spielte, sondern mit Vergnügen anderen beim Skaten zuschaute. Das Altherrentrio saß bei schönem Wetter an einem Steintisch im Stadtpark. Die Männer spielten um den ganzen Pfennig, und es ging manchmal recht laut zu. Ich erinnere mich an Aussprüche, die meinen Kinderwortschatz bereicherten: »Hosen runter!«, »Hineingewichst und nicht gezittert!«, »Rot ist die Liebe!« und »Geteilt ist der Arsch!«. Mein Vater war damals wissenschaftlicher Assistent am Institut für Geschichte und hatte wahrscheinlich den Auftrag, den Alltag des deutschen Volkes zu studieren. Ich war drei, vier Jahre alt und jeden Sonntag mit von der Partie, was darauf schließen läßt, daß noch ein Nebenauftrag meiner Mutter eine Rolle spielte: Sie hatte uns den Spaziergang verordnet, damit sie ungestört das Mittagessen kochen konnte.

Am Wochenende war mein Vater mit mir unterwegs, und in der Woche hatte meine Mutter mich am Hals. Sie entwickelte ihre eigene Methode, mich zu beschäftigen: Wenn mein Vater in der Uni war und sie in der Stadt etwas zu erledigen hatte, gab sie mich im Zeitkino ab. Das war ein altes Filmtheater in der Fußgängerzone, in dem tagelang rund um die Uhr ein und dasselbe Programm lief. Vom *DEFA-Augenzeugen* über Dokumentarstreifen und Werbespots bis zu Spielfilmen wurde allerlei geboten. Meine Mutter löste für mich eine Eintrittskarte, begleitete mich zu meinem Platz und verlangte, daß ich mich in ihrer Abwesenheit nicht von der Stelle rührte. Wie auch! Ich saß wie gebannt. Zeitkino war viel spannender als Null Ouvert und Grand Hand ohne Viere. Im Kinosaal war es anheimelnd dunkel, und ich bekam nicht nur Sprüche, sondern auch Bilder geboten. Freilich meist in Schwarzweiß und nur häppchenweise, da ich oft schon nach einer halben oder dreiviertel Stunde wieder abgeholt wurde. Auch andere Zuschauer kamen und gingen; im Zeitkino, das es auch auf Bahnhöfen gegeben hat, vertrieb man sich in der Mittagspause, nach der Frühschicht, vor der Abfahrt des Zuges oder den ganzen Tag über die Zeit. Die Kinotüren standen offen, pausenlos klappten die Sitze, ohne Unterlaß wurden die Vorhänge bewegt.

Am stärksten hat mich damals ein Zeichentrickfilm beeindruckt, in dem eine weiße Taube von Kontinent zu Kontinent flog. Es war die Zeit der aufstrebenden Weltfriedensbewegung. Wo auch immer sie landete, nahm man die Taube in die Hand und streichelte ihr Gefieder. Manchenorts wurde noch geschossen. Ein Maschinengewehr ratterte, der Schütze fiel, ein anderer sprang für ihn ein, und die Taube schwang sich furchtlos in die Lüfte. Perry Friedmans Stimme begleitete sie mit rauhem, amerikanischem Akzent: »Kleine weiße Friedenstaube, fliege übers Land! / Allen Menschen, groß' und kleinen, bist du wohlbekannt ...«

Ich lernte die weiße Taube von Mal zu Mal immer besser kennen. Sie flog am nächsten Vormittag, als meine Mutter bei der Friseuse saß, und am übernächsten Nachmittag, als es in der Stadt Stöckelschuhe gab. Die Taube flatterte über der Textilreinigung und dem Postamt, über der Kommunalen Wohnungsverwaltung und der Handwerksgenossenschaft. »Fliege übers große Wasser, über Berg und Tal«, sang Perry Friedman, »bringe allen Menschen Frieden! Grüß sie tausendmal.« Ich grüßte die Taube fast jeden Tag, und nachts träumte ich von ihr.

Einmal vergaß meine Mutter, mich abzuholen. Sie hatte erfolgreich im Warenhaus nach Feinstrumpfhosen angestanden und sich anschließend ein Kännchen Kaffee gegönnt. Als sie in die Straßenbahn einsteigen wollte, fiel ihr auf, daß ich fehlte. Ich saß derweil noch im Zeitkino, wo inzwischen die Friedenstaube dreimal an mir vorbeigezogen war.

Eines Tages hockte ich auf meinem Klappsitz, verfolgte den Augenzeugen, bekam Pneumant-Fahrradreifen, Plastoletten und Birkenhaarwasser angepriesen, sah einen Ausschnitt aus dem DEFA-Film »Rotkäppchen und der Wolf« und wartete. Wieder rollte der Augenzeuge, folgten Pneumant-, Schuh- und Haarwasser-Werbung. Wieder verschlang der Wolf gierig die Großmutter und anschließend das Rotkäppchen. Ich hatte Angst, denn ich fühlte mich verlassen. Perry Friedman sang nicht mehr, und meine Taube flog nicht mehr. Heulend rutschte ich vom Sitz und schrie nach meiner Mutter.

Zeitkino, das: *dem Lexikon unbekannte Form von Kurzfilmprogrammen, die in speziellen Kinos rund um die Uhr wiederholt werden; das Prinzip wird heute höchstens noch in Pornokinos gepflegt*
Friedman, Perry: *(1935–1995) aus Kanada in die DDR eingewanderter Folksänger, Mitbegründer des Ostberliner Hootenanny-Klubs (später: Oktoberklub)*

Die fleißige Müllerin

Alles, behauptet Anna, lasse sich in der Kaffeemühle mahlen. Geröstete Kaffeebohnen natürlich, aber auch Getreide und Sonnenblumenkerne. Sie sitzt auf dem Stuhl, hat die Mühle zwischen die Schenkel geklemmt, stützt die linke Hand aufs Gehäuse und dreht mit der rechten die Kurbel. Die Mühle ächzt, und die Bohnen knirschen, es duftet wie in einer Rösterei. Mit etwas Phantasie kann man in der Kaffeemühle eine kleine Verwandte der Wind- oder Wassermühle erkennen; sie ähnelt einem Holzhäuschen und hat anstelle der Tür ein Schubkästchen, in dem sich der gemahlene Kaffee sammelt. Die Kurbel treibt eine Schnecke, die die von oben nachrutschenden Kaffeebohnen im Trichter zermalmt.

»Nicht nur Bohnen«, schwört Anna, während sie aufrecht sitzt, in leicht verspannter Haltung, und kurbelt. Ihre Hand ist zur Faust geballt und bewegt sich ruckartig, Haarsträhnen fallen ins Gesicht; Kaffeemahlen ist kein Kinderspiel. Aber auch nicht notwendig heutzutage, da man den Kaffee brühfertig pulverisiert und vakuumverpackt, somit auf Jahre haltbar, an jeder Ecke kaufen kann. Doch davon will Anna nichts wissen. »Alles«, wiederholt sie, »haben wir früher durch die Kaffeemühle gedreht: Weizen- und Roggenkörner, Mais für die Kuchen, Haferflocken, gedörrte Apfelstückchen und grüne Kürbiskerne fürs Müsli, manchmal sogar das Trockenfutter für die Katze.«

Ich stelle mir Anna vor, wie sie, Ähren pflückend und Körner sammelnd, über die Felder und Wiesen geht, immer auf der Suche nach einer Alternative. Mein Onkel O., der größte

Zigarrenraucher vor dem Herrn, hat nach dem Krieg in seinem Garten Tabak angebaut, die Ernte auf dem Hausboden getrocknet und in der Kaffeemühle zerschrotet. Irgendwann verschwand Onkel O.s Tabakmühle. Auch die Klappermühle meiner Großmutter hatte eines Tages ausgedient. Im Konsum war eine volkseigene elektrische Kaffeemühle installiert worden. Später gelangte *Mokka Fix Gold*, der erste aromaverpackte DDR-Filterkaffee, in die Verkaufsregale. Ganz zu schweigen von den Millionen Westpaketen, die ihren subversiven Duft in vielen Haushalten verströmten.

Die mechanische Kaffeemühle wird heute nicht mehr gebraucht. Es sei denn, man benutzt sie, um sich abzureagieren. Im DEFA-Film »Die Legende von Paul und Paula« gibt es eine Szene, in der Pauls Frau, in flagranti mit einem Kerl ertappt, Kaffeebohnen mahlend Buße tut. Sie sitzt in der Küche, heult und kurbelt, während er wütend das Geschirr auf den Fußboden schmeißt. Wir haben die Szene nicht nachgestellt, ich bat Anna lediglich, mir ihre Kaffeemühle vorzuführen. Nach dem zweiten Kästchen frisch gemahlenen und verführerisch duftenden Kaffeepulvers kommt Anna in Schwung. Während ihr rechtes Auge die Mühle im Blick behält, driftet das linke ab – der Blick schweift durch den Raum auf der Suche nach weiterem, was sich mahlen läßt: Müslikörner zunächst und Cornflakes, dann die Balkonkräuter – Minze, Fenchel, Balsam, Thymian; schließlich die Topfpflanzen, inklusive Gerbera und Männertreu. Nach jedem Arbeitsgang leert Anna das Kästchen und häufelt den Inhalt gesondert auf eine Untertasse. Im Nu hat sich die Wohnung in einen orientalischen Basar verwandelt und riecht auch so, lauter Tellerchen und Düftchen, und die Mühle dreht sich und dreht, bald säuselnd – das ist das Basilikum –, bald knackend – das sind die Kürbiskerne –, und das

Auge schweift und findet neue Nahrung. »Alles«, droht Anna, »mahlt meine Mühle!« Bleistifte, Kugelschreiber, Fotos, Visitenkarten, Zeitschriften und Manuskripte, auch Taschenkalender, Taschenbücher, Bilderbücher, sogar Prachtbände werden zermalmt; dann knirscht es - die Sektgläser! -, und Talggeruch macht sich breit. Mit jeder Kerze, die Anna in ihre Mühle stopft, wird es dämmriger im Raum, immer dunkler, bis nur noch der Mond durch die Balkontür scheint. Schattenhaft dreht sich nunmehr das Zimmer, stöhnt, kreischt, seufzt; der Boden unter mir wird hart, knochenhart - der Teppich, wahrscheinlich versucht Anna nun auch ihn zu zermahlen ... Dann meine Jacke, meine Schuhe, meine Socken, mein Hemd, meine Hose, in der die Liste steckt ... »Vorsicht, Anna, die Rote Liste! Halt ein, Anna, ach ...!«

Kaffeemühle, die: *mechanisches od. elektrisches Haushaltsgerät, in dem gewöhnlich Kaffeebohnen gemahlen werden*

Warten auf Godot 601

Irgendwann ist es soweit. Dann ist die Wartezeit rum, und ich werde stolzer Besitzer eines Trabant. Ich habe den Wagen vor dreißig Jahren und neun Monaten beim VEB IFA-Vertrieb Magdeburg, Filiale Nauen, bestellt und noch immer keinen Bescheid erhalten. Das beunruhigt mich ein wenig. Aber ich hätte ja auch mal nachfragen können. Ich gebe zu, dies in den letzten zwanzig Jahren versäumt zu haben.

Hoffentlich gibt es keine Verwechslung. Auf meiner Anmeldung vom 21. April 1976 steht unter Fabrikat/Typ: »Wartburg«, doch das Wort wurde durchgestrichen und die Bestellung nachträglich abgeändert auf »Trab. Kmi«. Das könnte heißen: Trabant 601 Kombi. Leider kein Hinweis auf »de luxe«. Die Bestellkarte hatte ich als Achtzehnjähriger ausgefüllt, die Änderung stammt von 1986. Mit neunundzwanzig muß mir bewußt geworden sein, daß ich mir bei meinem Salär als Jungakademiker einen Wartburg nie würde leisten können. Der Trabi war familienfreundlicher, er kostete nur 16 000 DDR-Mark – man hatte ein Ziel vor den Augen und, na ja, genug Zeit zum Ansparen.

Ich erinnere mich, wie mein Vater im Zweitakter zu Hause vorfuhr. Er war dreiunddreißig und stolzer Besitzer eines fabrikneuen Trabant 600. Gerade erst hatte er die Fahrprüfung bestanden und lud uns zur Probefahrt ein. Zweimal umrundeten wir das Häuserviertel, dann bog er auf die Hauptstraße ein und würgte an der nächsten Ampel den Motor ab. Es war das erste Mal, daß ich meinen Vater auf den Sozialismus schimpfen hörte, doch selbst das half nichts. Als der Trabi auch beim zwölften Versuch nicht wieder ansprang, verlor mein Vater die Nerven und stieg mitten auf der Kreuzung aus.

Unser Trabi war himmelblau, kastenförmig und laut. Er hustete, knatterte, rüttelte, aber er fuhr. Die Marschgeschwindigkeit auf der Autobahn lag bei achtzig Kilometer pro Stunde; man konnte noch viel von der vorüberziehenden Landschaft wahrnehmen. Bergab schaffte die Kiste spielend hundertzehn.

Trabant heißt soviel wie Gefolgsmann, Landsknecht, Begleiter, Diener. Und in der Tat war unser Trabi eine Art Knappe, ein Sancho Pansa auf Rädern. Wir lachten, wenn die schnellen Ritter der Landstraße an uns vorbei übers Kopfsteinpflaster holperten und nicht merkten, wie sie eine Radkappe verloren. Wir verloren dreimal in Folge den Auspuff. Auf einen neuen mußten wir Monate, wenn nicht Jahre warten, daher gingen unsere Versorgungsfahrten ins Dorf der Großeltern auch ohne Auspuff weiter. Mal verstauten wir Kartoffeln und Äpfel im Kofferraum, mal lugten eingeklemmte Zwiebelröhren aus der Klappe. Einmal fiel bei einer Vollbremsung das Gurkenfaß um, seitdem roch es im Fond wie in einer Gewürzboutique.

Mit fünfzehn machte ich meinen Moped-, mit achtzehn meinen PKW-Führerschein, letzteren auf einem W50 ohne Anhänger. Schon am Tag nach der Prüfung stieg ich vom LKW auf unseren Trabi um. Meine Mutter bestand darauf, daß ich sie zum Fleischer fuhr. Es war Winter, und ich drehte mehrmals vergeblich den Zündschlüssel. Der Motor rasselte, keuchte und verschluckte sich. Beim zweiten und dritten Mal röchelte er nur noch. »Choke!« sagte meine Mutter. Ich zog den Hebel und trat das Gaspedal durch; der Trabi heulte wie ein Papiertiger, dann tuckerte er friedlich.

Beim Lenken waren mir meine Knie im Wege. In den Kurven schlug ich zu stark ein, beim Herunterschalten gab ich Zwischengas. Plötzlich stotterte der Motor, und wir blieben auf der Landstraße stehen. »Benzinhahn?« fragte meine Mutter. Natürlich hatte ich vergessen, den kleinen Hebel umzulegen, der sich sinnigerweise zwischen den Füßen des Beifahrers befand. Mit der Zeit lernte ich, das Versäumte während der Fahrt mittels eines akrobatischen Aktes nachzuholen, bei dem ich Schlangenlinien fuhr.

Auch wußte man nie, wieviel Sprit noch im Tank war, denn eine entsprechende Anzeige hatten die Zwickauer Trabant-Konstrukteure für überflüssig erachtet. Und immerzu ging etwas kaputt. Mal ließ sich die Handbremse nicht lösen, mal klemmte das Gaspedal. Einmal legten wir eine Drahtschlaufe und zogen das Pedal mit der Hand zurück. Schlimmer war, wenn sich das Scharnier am Fahrersitz so abgenutzt hatte, daß die Lehne beim Anfahren nach hinten klappte. Unweigerlich schlug ich mit dem Hinterkopf auf die Rückbank. Das erhöhte mein Denkvermögen.

Trabant, der: *vom Sachsenring Automobilwerk Zwickau seit 1957 gebauter viersitziger Kleinwagen; luftgekühlter Zweitakt-Ottomotor, 594,5 cm³ Hubraum, 19,3 kW (26 PS) Leistung, Duroplastkarosserie mit Stahlblechgerippe*

Bis die Fußsohlen glühen

Die Heizsonne war ein transportabler elektrischer Tischofen; statt Kohle wurde in ihr ein spiralförmig gewundener Draht zum Glühen gebracht. Das Gerät konnte herkömmliche Ofenheizungen nicht ersetzen, sorgte jedoch in der Übergangszeit und während des Anheizens für etwas Wärme in den Zimmern. Mit ihrem runden Blechgehäuse ähnelte die Heizsonne einer Satellitenschüssel, und bei Bedarf ließ sie sich auf einzelne, besonders wärmebedürftige Körperteile ausrichten. Doch man durfte ihr nicht zu nahe kommen. An kühlen Herbst- und frostigen Winterabenden stellte sich Großmutter ihre kleine Sonne vor die Füße, zog die Pantoffeln aus und bewegte abwechselnd die linke und die rechte große Zehe. Als ich einmal auf gleiche Weise meine vom Schlittschuhlaufen gefrorenen Füße auftauen wollte, stank es nach einiger Zeit in der Stube nach verbranntem Gummi. »Junge, zieh die Hausschuhe aus, du fackelst uns noch die Bude ab!«

Mit der Heizsonne war nicht zu spaßen. In der Feuerwehrstatistik der fünfziger und sechziger Jahre wird sie als häufigste Brandursache geführt. Der glühende Draht eignete sich gut zum Kokeln; zum Beispiel konnte man einen Wollfaden eindampfen oder ein Stück Zeitungspapier in Flammen aufgehen lassen. Das Gerät hatte auf feuerfestem Untergrund zu stehen, durfte nicht kippeln oder gar umfallen. Da unsere Heizsonne keinen Schalter besaß, mußte beim Verlassen des Zimmers der Netzstecker gezogen werden. Wenn wir an kalten Tagen das Haus verließen, blieb Großvater jedesmal abrupt vorm Hoftor stehen und fragte: »Hast du die Heizsonne rausgezogen?« Großmutter war sich nicht sicher, und Großvater kehrte noch einmal um.

Seine Vorsicht hatte ihre Ursache in einem Erlebnis meines Vaters: 1956 war das Institut, an dem er beschäftigt war, in einem Hallenser Mietshaus untergebracht. Da Kohlen knapp waren, wurden bei Wintereinbruch in allen Zimmern elektrische Heizkörper aufgestellt. An einem Wochenende – damals wurde noch jeden Samstag bis halb zwei gearbeitet – verließ mein Vater das Institut als letzter. Es war bitter kalt, und wegen Schneeverwehungen hatten die Züge Verspätung. Spätabends kam er in Bitterfeld an, wo er gerade noch den letzten Omnibus nach M. erwischte. Meine Eltern wohnten damals bei den Großeltern im Haus. Mitten in der Nacht wachte mein Vater auf und sah vor sich das Institutsgebäude in Flammen. »Die Heizsonne!« fluchte er. »Die Heizsonne ist noch an!« Meine Mutter fragte: »Bist du sicher?« Da zog sich mein Vater hastig an, griff nach Mantel und Wollschal, streifte die Fausthandschuhe über und schlingerte mit dem Fahrrad durch das dichte Schneetreiben zum Bitterfelder Bahnhof. Er hatte Glück, gerade fuhr ein verspäteter D-Zug ein. Die Waggons waren unbeheizt, und der Zug brauchte für die kurze Strecke zwei Stunden. Als mein Vater nach einem längeren Fußmarsch endlich das Institut erreichte, sah er schon von weitem die Feuerwehr. Rettungskräfte trugen eine in Decken gewickelte alte Frau aus dem Haus. Es waren weder Flammen noch Rauch zu sehen, offenbar war der Brand bereits gelöscht. Kreidebleich ging mein Vater auf den Einsatzleiter zu, der mit den Nachbarn sprach, blieb dann aber einige Meter vor ihm stehen. Er hatte Gesprächsfetzen aufgeschnappt und traute seinen Ohren nicht: »Erfrierungen an Händen und Füßen ...« Die Frau hätte seit Tagen nichts mehr zu heizen gehabt ... – »Wohnen Sie auch hier?« Der leitende Feuerwehrmann musterte meinen Vater. »Ich ...? Nein, nicht direkt. Wir haben im zweiten Stock unser Institut, und ich wollte nur mal nach dem Rechten sehen ...« Der Einsatzleiter nickte. »Warten Sie mit der Toilettenbenutzung, bis wir die Wasserleitung aufgetaut haben«, rief er meinem Vater nach. Der durchquerte den Hausflur und stieg schlotternd die Treppe hinauf. Als er die Tür zur Institutswohnung öffnete, hatte er das Gefühl, einen Eiskeller zu betreten.

Heizsonne, die: *transportables elektrisches Gerät, in dem die von glühenden Drähten erzeugte Wärme über einen reflektierenden Schirm in eine bestimmte Richtung abgestrahlt wird*

Heiz den Badekessel an!

»Wasser marsch!« lautete das Kommando, wenn mein Großvater nach dem Baden die große graue Zinkwanne leeren wollte.
Dazu wurde der zwanzig Meter lange Gartenschlauch ausgerollt
und eines seiner Enden in das flockige Seifenwasser getaucht,
das andere über das Senkloch auf dem Hof gehalten. Um die
Steigung an der Wannenwand zu überwinden, mußte angesaugt
werden. Großvater kniete nieder und steckte sich das Schlauchende in den Mund. Nach einigen kräftigen Zügen riß er den
Schlauch heraus und ließ die Brühe in den Untergrund plät-
schern.

Gebadet wurde immer samstags. Anschließend gab es Kartoffelsalat mit Würstchen. Mein Bruder und ich saßen dann
geschrubbt und gescheitelt auf der Chaiselongue, und in der
Küche duftete es, als hätte Großmutter den Salat statt mit
Mayonnaise mit Florenacreme angerichtet. So ein Familien-
badetag war für den Bademeister ein schweißtreibendes Geschäft. Zunächst mußte der Waschkessel mit Wasser gefüllt und
angeheizt werden. Sodann wurde die Zinkbadewanne, die den
Sommer über an der Hofmauer lehnte und uns Kindern als
Zielscheibe für unsere Katapulte und Flitzbogen diente, ins
Waschhaus getragen, mit brühend heißem Wasser aus dem Kessel gefüllt, in das über einen kurzen Schlauch kaltes Wasser zu-
geleitet wurde.

Mein Bruder und ich machten den Anfang, indem wir zusammen in die Wanne stiegen, wobei es regelmäßig Streit gab,
wer am breiteren, dem Rutschende sitzen durfte. Während des

Spielens wechselten wir mehrmals die Positionen. Spätestens wenn die Hälfte des Badewassers über die Waschhausfliesen verteilt war, erschien Großmutter, um uns einzuseifen. Ich weiß nicht mehr, ob nach uns der Rest des Wassers abgelassen und der Wannenboden geschrubbt oder erst noch der Hund darin gebadet wurde. Im zweiten Durchgang teilten sich Großmutter und Großvater – immer in dieser Reihenfolge – eine Wannenfüllung, wobei vorher die Waschhaustür von innen abgeschlossen und das Fenster sorgfältig verhängt wurde. Wenn meine Eltern länger zu Besuch waren, badete auch mein Vater, was eine dritte Wannenfüllung zur Folge hatte und ein neuerliches Ablassen des Schmutzwassers erforderte. Meine Mutter weigerte sich, da sie die Zinkwanne als Zumutung empfand. Als Städterin war sie an modernere Badevorrichtungen mit Badeofen und Handbrause gewöhnt.

Überhaupt ließ Mutter keine Gelegenheit aus, verächtliche Bemerkungen über die *Katzenwäsche* der Großeltern zu machen. Die Woche über wuschen sich die Alten kalt über dem einzigen Waschbecken in der Küche, und mein Großvater hat bestimmt mehr Wasser aus dem Hahn getrunken, als er zur Körperpflege verbraucht hat. Wenn er Durst hatte, füllte er sich sein Henkeltöpfchen mit *Leitungsheimer*. Für meinen Bruder und mich genügte zur Morgentoilette ein feuchter Waschlappen. Wir sind beide keine Allergiker geworden. Vielleicht werden wir uralt. Meine Urgroßmutter starb mit 94, meine Großmutter mit 86, mein Großvater mit 84 Jahren. Sie haben nie ein Badezimmer gehabt, geschweige denn ein Dampfbad oder eine Sauna besucht. Und sie waren niemals ernsthaft krank in ihrem Leben. »Dreck schützt«, pflegte mein Großvater zu sagen, oder: »Dreck reinigt den Magen.« Die modernen Medizinmänner geben ihm recht. Unsere alte Zinkbadewanne habe ich im Garten unter den Holunderbusch gestellt, mit Erde gefüllt und Radieschen und Gurken darin gepflanzt.

Zinkbadewanne, die: *auf Metallfüßen stehende transportable Wanne aus Zinkblech ohne Abfluß, in der eine erwachsene Person od. zwei Kinder bequem baden können*

Wurm im Paradies

»Du ißt doch gern Obst.« Landolf stellt mir einen Spankorb in die Küche. Kleine gelbe und rote Äpfel lachen mich an – kein strahlendes Lachen, eher ein süß-säuerliches Lächeln. Die Früchte stammen aus seinem Garten hoch über dem Tal, durch das sich ein Bach schlängelt. Einige von ihnen sind angeschrumpelt, etliche haben Druckstellen oder braune Flecken. Vermutlich hat mein Freund sie aufgelesen. Winzige Löcher verraten, daß Besuch in ihren Kernräumen haust. Ich könnte die Äpfel ausschneiden und essen, doch ich lasse sie, wie sie sind, und atme ihren Duft ein – Apfelduft!

Die Äpfel, die ich im Supermarkt kaufe, sind größer, glatter, runder. Ihre Oberfläche erweckt den Eindruck, als hätte der Herrgott sie für einen Designwettbewerb erschaffen. Sie glänzen, doch sie duften nicht. Man hat diese Früchte mit Chemikalien behandelt und lange vor ihrer Zeit geerntet, sie sind notdürftig auf dem Transport gereift. Sonne, Wind und Regen konnten keinerlei Spuren hinterlassen. Ihr makelloses Fruchtfleisch ahnt nichts von den Gerüchen dieser Erde. Ich bezweifle, daß Adam im Angesicht Evas in solch einen Superapfel hätte beißen wollen.

Überall werden dieselben vier, fünf Sorten angeboten, Äpfel zum Einheitspreis: Grammy Smith und Golden Delicious ... Aber wer weiß noch, wie ein Geflammter Kardinal oder ein Kaiser-Wilhelm-Apfel schmeckte? Mein Sohn ißt überhaupt kein frisches Obst, nur Früchte von Haribo. Als er mal im Biologieunterricht einen Vortrag über die Gattung der Rosengewächse halten sollte, zu denen die Apfelbäume zählen, pflückte er sich seinen Apfel aus dem Internet.

Es duftet so verführerisch, daß ich nun doch in den Korb greife. Ich wähle ein kleines, rotgelbes Äpfelchen, reibe es am Hemdsärmel blank und beiße hinein. Die Säure zieht mir das Zahnfleisch zusammen, doch ich genieße das herzhafte, an Schoten oder Zuckererbsen erinnernde Aroma. Je länger ich kaue, desto süßer schmeckt die Frucht. Schale und Gehäuse lassen sich mühelos zerkleinern. Ob Apfelkerne tatsächlich Blausäure enthalten, wie meine Großmutter immer behauptete? Ich schnippe den Stiel auf den Boden und lange abermals in den Korb. Der nächste Apfel ist etwas größer und gut gewachsen. Er könnte für Schneewittchen bestimmt gewesen sein, denn er hat eine grüne und eine verführerisch rote Hälfte. Ich schlage meine Zähne in die Sonnenseite der Frucht, schmecke den köstlichen Saft auf der Zunge, dann etwas Bitteres. Ruckartig höre ich auf zu kauen, spucke aus und betrachte mit Ekel das Gespinst im Apfelinnern, aus dem mir ein winziger weißer Wurm sein Köpfchen entgegenreckt.

Ich starre sie an, meine erste Apfelmade nach fünfzehn oder zwanzig Jahren. Sie windet sich und ist nicht weniger verstört als ich. Vom Tageslicht geblendet, versucht sie sich in ihre schummrige Behausung zu verkriechen. Doch ich werde ihr nicht die ganze Beute überlassen. Vorsichtig teile ich den Apfel mit dem Messer, die Made behält die bereits durchpflügte süßere Hälfte.

Mein Großvater hat, als er nicht mehr beißen konnte, seine Äpfel immer geschält, in gleichmäßig runden Bahnen vom Stiel bis zur Blüte, wobei er die Frucht in der linken Hand entgegen der Uhrzeigerrichtung drehte. Die spiralförmige Schale warf er auf den Mist, den Griebsch aß er mit. Es gab frühe und späte

Apfelsorten in Großvaters Garten und den Winterapfel. Im Juli reifte der *Kornappel*. Wir aßen ihn, solange er noch grün war, vom Baum und rannten anschließend dauernd aufs Klo. Der rotgelb gestreifte Augustapfel sammelte so viel Saft, bis er abfiel und ins Gras plumpste. Dann kam die Zeit der Goldparmäne, des Boskoop, von dem man stumpfe Zähne bekam, des Freiherrn von Berlepsch und der Birne mit dem schönen Namen Bella Sabrina. Im Spätherbst folgten James Grieve und Landsberger Renette. Beim ersten Frost wurde die Cox Orangenrenette gepflückt, die wir *Kokser* nannten. Der Kokser überwinterte im hintersten Kellerwinkel und hätte sich bis zur nächsten Apfelblüte gehalten, doch meist wurde er vorher als Bratapfel verspeist.

Apfelduft, der: *nach Sorte, Alter, Veredlungsgrad u. Wettereinflüssen variierender, aromatischer Geruch, der reifen Äpfeln entströmt*

Rätsel um das Bermuda-Dreieck

Wer weiß noch, woher sie plötzlich kam und wohin sie so schnell wieder verschwunden ist. Der Dreiecksbadehose war nur ein kurzes Leben beschieden. Sie war eine reine Jungen- und Männersache. Von einem Tag zum andern rannten alle Mitschüler beim Baden damit herum, also mußte auch ich mir eine besorgen. Meine war schwarz mit weißem Streifen. Zog ich sie aus der Tasche, ähnelte sie einem aus der Form gegangenen Büstenhalter. Aber sie galt als schick und männlich und zeigte viel von den Pobacken. Vor allem war sie pflegeleicht und praktisch. Die Dreiecksbadehose wurde einfach am linken Bein hinauf und in die Turnhose hinein gezogen, dort drehte und wurschtelte man so lange, bis man die losen Bändchen zwischen den Fingern hatte, die schließlich an der rechten Hüfte miteinander verknüpft wurden. Ruckedizuck – war alles ordnungsgemäß verstaut, konnte man die Turnhose fallen lassen.

Gab es nur schwarze oder nicht auch grüne, blaue, rote und sogar weiße Modelle? Wie viele Streifen hatte die Dreiecksbadehose? Wurde sie nicht auch geknöpft? Und haben wir, um auf Nummer Sicher zu gehen, wirklich eine Doppelschleife gemacht? Die Rätsel um das Bermuda-Dreieck lassen sich heute kaum noch aufklären.

In gewisser Hinsicht hat die Dreiecksbadehose auch Entwicklungshilfe geleistet. Entscheidend war nämlich der Vorsprung, den sie uns Jungs nach dem Baden verschaffte. Wir brauchten kein Gebüsch zu suchen, hatten keine Umkleidekabine und kein Badetuch nötig. Das unter der Turnhose weggezogene und ausgewrungene Textil in der Hand, konnten wir gelassen zuschauen, wie sich die Mädchen mit ihren Baderüstungen abmühten. Wie sie erst zaghaft die Träger von den Schultern schoben. Dann das T-Shirt überstreiften und glatt zogen, damit der Po bedeckt blieb. Und wie sie schließlich, ein Handtuch oder den Pullover um die Hüften geknotet, unter Verrenkungen den nassen Badeanzug langsam nach unten abrollten. Heikel wurde es beim Aussteigen. Die storchbeinige Martina fiel einmal der Länge nach hin. Ein andermal öffnete ein Windstoß Evis himmelblauen Bademantel. Der kleine Sommer rief: »Mann, hat die Knollen!«

Freilich ahnten wir, daß im Bermuda-Dreieck nicht nur Schiffe versanken und Flugzeuge verschwanden. Frühmorgens standen wir vorm Spiegel und betrachteten voll Ungeduld den Flaum auf der Oberlippe. »Die Lehmann«, berichtete der kleine Sommer, »hat schon Haare, ich meine unten.« Woher wußte er das? Bei der dicken Manuela, die wir *Riesenbaby* nannten, konnte man es beim Turnen sehen. Einmal verschwand Manuela tränenüberströmt im Umkleideraum und wurde heimgeschickt. Am Ende der Unterrichtsstunde nahm uns der Sportlehrer zusammen und appellierte an unsere Reife: »Wie ihr wißt, ist die Menstruation ein ganz natürlicher Vorgang ...« Die

Mädchen wurden rot, wir Jungs nickten beflissen. Wir waren aufgeklärt, doch was wußten wir schon. Wir standen am Beginn einer Entdeckungsreise. Zurück zum Ausgangspunkt. Warum die Dreiecksbadehose untergegangen ist? Sie war zu peinlich und wurde von den nicht weniger peinlichen kunstfaserigen Bermudashorts abgelöst.

Dreiecksbadehose, die: *in den 50er und 60er Jahren hauptsächlich im Osten verbreitete, tangaähnliche Badehose aus derbem Segeltuchstoff, die an der Seite geknöpft u. zugeschnürt wird*

Kasse des Mißtrauens

»Kommunismus ist Sowjetmacht plus Elektrifizierung des ganzen Landes.« So jedenfalls hatten wir es in der Schule gelernt. Leider stand die Formel im Widerspruch zu den Verhältnissen, die in der DDR schwieriger waren, als die Theorie erlaubte. Wir waren *elektrifiziert*, wir fuhren O-Bus und Straßenbahn, und wir hatten seit 1963 die Zahlbox – das war zwar noch nicht das Paradies, aber immerhin schon ein ordentliches Stück davon. Der Fahrpreis wurde subventioniert, eine Einzelfahrt mit dem Bus oder der Bahn kostete zwölf bis zwanzig Pfennige. Vielleicht hätten wir nur immer unseren Obolus entrichten müssen, und Lenins Lehre wäre über kurz oder lang wahr geworden. Doch als Studenten waren wir meist knapp bei Kasse. Wir gaben unser, ebenfalls vom Staat bezogenes, Stipendium für die drei großen B – Bockwurst, Bier und Bücher – aus, da reichte es nicht immer für die Straßenbahn.

Die gut sichtbar in jedem Wagenteil angebrachte Zahlbox sollte vor der schiefen Bahn bewahren. Ihre offizielle Bezeichnung war OS – »Ohne Schaffner« –, und sie war mehr als nur eine Vorrichtung, an der man selbständig seinen Fahrschein zog. Sie verkörperte ein *pädagogisches System*. »Ich bezahle, du bezahlst ... und er? – Fahrgäste, achtet auf ordnungsgemäßen Fahrgeldeinwurf!« forderte ein Schild, das den Schwarzfahrer als kleines schwarzes Männlein mit Hut entlarvte. Hatte man den Sammelkartenabschnitt oder die Münzen eingeworfen, lagen diese hinter einer Plexiglasscheibe wie auf dem Präsentierteller und wurden durch Hebeldruck jeweils ein Kästchen weiter befördert, ehe sie im Bauch der Box verschwanden. So konnten alle Insassen sehen, ob der Zugestiegene es ehrlich meinte. Wer beim Schwarzfahren erwischt wurde, mußte zur Strafe fünf Mark Nachlösegebühr zahlen.

In aller Öffentlichkeit den Sozialismus zu betrügen war ein Sakrileg, und doch konnten wir es nicht lassen. Wir hatten Maxim Gorki, Arkadi Gaidar und Eduard Claudius gelesen und waren immer noch keine besseren Menschen geworden. Spätabends stolperten wir aus dem Studentenklub und bestiegen lärmend die Straßenbahn. Die Fahrgäste warfen uns strenge Blicke zu. Wie üblich hatten wir unser letztes Geld versoffen. Demonstrativ bauten wir uns vor der Zahlbox auf, Regine spendete ein paar Drops, ich gab Pfennige dazu; man hörte es klimpern; rasch zogen wir den Hebel mehrmals hintereinander, bis alles verschwunden war, und hielten für jeden sichtbar den Fahrscheinstreifen hoch.

Auch Spielgeld, Knöpfe und kleine, flache Kieselsteine boten sich als Futter für die Zahlbox an. Wir waren keine jungakademische Schwarzfahrerbande und fühlten uns auch nicht als Saboteure, wir verteilten nur das Volksvermögen ein bißchen um. Was wir dem Staat vorenthielten, überwiesen wir in vielfacher Höhe auf das internationale Solidaritätskonto. So unterstützten wir mit unseren Schwarzfahrten das Volk von Chile und Nikaragua. An der Jenaer Universität studierten Sandinisten, die mit der Waffe in der Hand das Somoza-Regime gestürzt hatten. Einmal, auf der Heimfahrt von einer offiziellen Feier, haben wir uns einen üblen Scherz erlaubt. Carlos aus Managua war im Kampf verwundet worden und hatte nach dem Sieg als Lehrer an der Alphabetisierungskampagne teilgenommen, war aber noch nie in seinem Leben mit der Straßenbahn gefahren. Ratlos stand er vor der Zahlbox. »Du mußt zwanzig

Pfennige einwerfen und laut den Namen der Haltestelle nennen, an der du aussteigen willst«, erklärten wir ihm. Carlos warf zögernd das Geld ein, und weil ringsum die Fahrgäste die Ohren spitzten, flüsterte er: »Studentenwohnheim Zwätzen!« Als sich nichts rührte, wiederholte er mit kraftvoller Stimme: »Einmal Zwätzen, bitte!« Der ganze Straßenbahnwagen lachte, und uns schlug das Gewissen. Nach dieser Blamage konnten wir nicht anders, als unseren nikaraguanischen Freund bis ins Wohnheim zu begleiten und ihn dort im Studentenklub zu einem Solidaritätsbier einzuladen.

Zahlbox, die: *in Nahverkehrsmitteln angebrachte Sebstbedienungskasse mit freiem Sichtfeld; aus der Bedienungsanleitung:* »*1 Einwurf für Fahrgeld u. Sammelkartenabschnitte, 2 Hebel bis zum Anschlag nach vorn ziehen u. loslassen, 3 Entnahme des Kontrollabschnitts*«

Zwischen Himmel und Erde

»Wir stellen uns den Aktenboten Theo Wuttke in einem nach vorne offenen Aufzug vor, der in zwei Fahrtrichtungen aus einer Vielzahl von Kabinen gereiht ist und unablässig, das heißt über die Wendepunkte im Keller- und Dachgeschoß hinweg, auf und ab fährt, ohne Halt, leicht klappernd, nicht ohne verhaltenes Gestöhne und Seufzen, aber doch zuverlässig, sagen wir ruhig ›gebetsmühlenhaft‹; weshalb man diesen altmodischen – trotz aller wohlmeinenden Proteste – fast überall ausgemusterten Personenaufzug ›Paternoster‹ genannt hat.«

Gibt es etwas Aufregenderes in Günter Grass' Roman »Ein weites Feld« als die Paternoster-Episoden? Damit das in einer Endlosschleife verkehrende Transportmittel niemals stehenbleibt, nehme ich besagten Wuttke, Theo, als Liftbeamten auf Lebenszeit in meine Rote Liste auf.

Der Personenumlaufaufzug, so der vollständige Name des Gefährts, ist tatsächlich von Stillegung bedroht. Hier und da zuckelt er noch – im Thüringer Oberbergamt Gera zum Beispiel, im Verwaltungsgebäude von Jenapharm oder im ehemaligen Berliner Haus der Ministerien (dem heutigen Bundesfinanzamt) –, und damit er überlebt, scheut man keine Mühe, ihn den neuen, strengeren Sicherheitsvorschriften anzupassen: größere Haltegriffe, Farbunterschiede zwischen dem Linoleum dies- und jenseits der Kabine sowie ein Mechanismus, der den Aufzug stoppen soll, sobald jemandes Körperteil die Weiterfahrt behindert. Trotz dieser und noch einiger anderer Reformversuche ächzt der Veteran unter den Fahrstühlen traurig vor sich hin.

Vater-unser-der-du-fährst-zum-Himmel ...! Wahrscheinlich schickt jeder, der zum ersten Mal auf dem Weg nach oben vor der Wendemarke auszusteigen vergißt, ein Stoßgebet zur Decke – sofern noch Zeit dafür ist. Soeben glitt die letzte Warnung vor meinen Augen weg: »Bitte hier aussteigen!« Für die Entwarnung – »Weiterfahrt ungefährlich!« – habe ich vor Aufregung keinen Blick. Was tun? Mit den Fäusten gegen die Seitenwände trommeln? Laut um Hilfe schreien? Mich flach auf den Boden werfen? Den Paternoster in seinem Lauf halten weder Ochs' noch Esel auf ... Die heile Bürowelt ist plötzlich zu Ende, schon knirscht und kreischt es im Dachgebälk. Wie wird er sein, der letzte Augenblick? Welchen aller Tode muß ich sterben? Werde ich geköpft, geviertteilt, zerquetscht oder im Getriebe fein zermahlen? Vater-unser-der-du-fährst ... Möge sich doch das Dach über mir öffnen und der Fahrstuhl sanft in den Himmel entgleiten!

Die tröstlichste aller Schreckensvisionen: Die Kabine dreht sich, kippt, und man fährt, die Arme in die Haltegriffe gestemmt, kopfüber auf der Gegenseite wieder nach unten. Komisch, daß einem so etwas noch bei keinem anderen Fahrgast aufgefallen ist. Und ein bißchen Kopfzerbrechen bereitet selbst dieser Abgang. Wie soll man, auf dem Kopfe stehend, aussteigen, die Namensschilder an den Bürotüren lesen, die Sekretärin begrüßen, eine Tasse Kaffee entgegennehmen und dem Abteilungsleiter gegenübertreten – Aug in Hühneraug?

In Wirklichkeit passiert am Wendepunkt natürlich gar nichts. Die Kabine ruckelt seitwärts, und ich gleite genauso, wie ich heraufgekommen bin, wieder hinunter. Und doch fordert, erst unlängst durch den Tod einer Rentnerin belegt, der Paternoster seine Opfer. Die alte Dame, zum ersten und letzten Mal mit dieser Art von Aufzug unterwegs, sah das Ende vor, nein, über sich, geriet in Panik und versuchte im allerletzten Moment aus der Kabine zu entweichen. Sie wurde nicht zerquetscht, sondern erlag zwischen Himmel und Erde einem Herzinfarkt.

Aber müssen deshalb gleich sämtliche noch funktionstüchtigen Paternoster in den Orkus geschickt werden? Sind nicht zu allen Zeiten Leute über die Teppichkante gestolpert, auf einem Stück Seife ausgerutscht oder morgens im Bett nicht mehr aufgewacht? Nützlicher wäre, man böte öffentlich Paternoster-Fahrkurse an (mit Ein- und Aussteigeprüfung), gründete Paternoster-Selbsthilfegruppen oder nähme konfessionslose Fahrstuhlbenutzer in die Gebetsmühle. Vater-unser-der-du-fährst ... Wer bis zum Amen kommt, schafft es hinüber.

Paternoster, der: *nach den aneinandergereihten Perlen der Paternosterschnur* (= älter *für Rosenkranz): Aufzug mit mehreren vorne offenen Kabinen, die ständig in der gleichen Richtung umlaufen (lat. pater noster = unser Vater; Anfangsworte des Gebets, Matth. 6,9)*

Unterwegs zu Lenin

Um durch die mündliche Russischprüfung zu kommen, genügten im Prinzip vier Vokabeln, die man nur oft genug miteinander kombinieren mußte: *zentr*, *bolschoi*, *polititscheski* und *dostoprimetschatelnost*. Letztere bedeutete Sehenswürdigkeit und war wegen ihrer Länge beliebt. Wenn es gelang, dieses Wortungetüm fünf- bis zehnmal in den Vortrag einzubauen, war die Sache gelaufen.

Ich hatte Glück, ich zog den Komplex »Rodnoi gorod« – Heimatstadt. Doch hatte ich die Rechnung ohne Herrn D. gemacht, der im Kreis Nauen die Weiterbildung der Russischlehrer leitete und den Prüfungen an unserer Schule beisaß, um sich einen Eindruck von den Unterrichtsergebnissen zu verschaffen. Kaum hatte ich meinen Einleitungssatz zu Ende gebracht: »Moi rodnoi gorod bolschoi polititscheski, ekonomitscheski i kulturnui zentr s mnogimi dostoprimetschatelnostjami« – wurde ich von Herrn D. unterbrochen.

»Sag das noch mal!«

Ich sah ihn entgeistert an. »Den ganzen Satz?«

»Nur das letzte Wort.«

Ich wiederholte: »Dostoprimetschatelnost.«

»Noch mal!«

»Dostoprimetschatelnost.«

»Ist dein Vater Russe?«

Ich schüttelte den Kopf.

»Deine Mutter?«

»Nein!«

Vor Aufregung merkte ich nicht, daß Gospodin D. russisch mit mir sprach. »Aber du warst mal in der Sowjetunion?«

Ich nickte. »Als kleines Kind, drei Jahre in Moskau.«

»Otlitschno!« rief Herr D. »Ausgezeichnet!« Sein Gesicht leuchtete wie der Spaskiturm, und es hielt ihn nicht länger hinterm Prüfertisch, wo er sich mit meiner Russischlehrerin und dem Direktor verschanzt hatte. Schon sprang er auf mich zu und breitete die Arme aus. Ich sah, wie die Kreide von seinen Jackettärmeln stäubte, und befürchtete einen Bruderkuß. Doch im letzten Moment drehte sich Herr D. zum Direktor um und rief: »Eto nasch kandidat!«

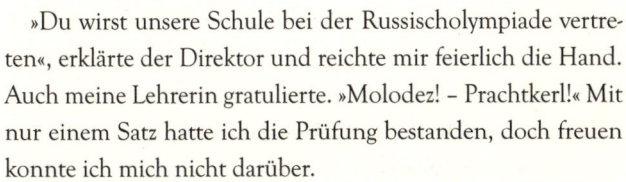

Der Direktor nickte und machte sich eine Notiz. Meine Russischlehrerin lächelte. Nur ich verstand noch immer nicht.

»Du wirst unsere Schule bei der Russischolympiade vertreten«, erklärte der Direktor und reichte mir feierlich die Hand. Auch meine Lehrerin gratulierte. »Molodez! – Prachtkerl!« Mit nur einem Satz hatte ich die Prüfung bestanden, doch freuen konnte ich mich nicht darüber.

Ich wußte, daß meine Aussprache perfekt war, doch mein Wortschatz aus Moskauer Kindergartentagen hatte sich seit meiner Rückkehr ziemlich dezimiert. Im Russischzirkel wurde ich nun von Herrn D. fit gemacht. Wir lernten russische Lieder, lasen »Doktor Aibolin« im Original und schrieben uns mit Komsomolzen in der Sowjetunion. Olga schickte mir Ansichtskarten, auf denen der Kreml, das Leninmausoleum und die

Zwiebeltürme der Basilius-Kathedrale zu sehen waren. »Eto naschi dostoprimetschatelnosti«, schrieb Olga. Zu Ehren der Großen Sozialistischen Oktoberrevolution organisierte Herr D. ein Freundschaftstreffen in der sowjetischen Garnison bei Elstal. Wir saßen im Speisesaal unter einem riesigen Banner, das die Köpfe von Marx, Engels und Lenin zeigte, lächelten steif und tauschten Abzeichen mit den Kindern der Offiziere. Gemeinsam sangen wir »Druschba – Freundschaft«. Ich trug ein Gedicht über das sowjetische Mondmobil vor. Strahlend kam Herr D. auf mich zu, diesmal umarmte er mich.

Die Kreisolympiade fand in der Station Junger Naturforscher statt. Im Grunde verlief sie nicht viel anders als die Russischprüfung. Wir mußten Texte übersetzen, einen Aufsatz verfassen und zum abschließenden Vortrag einzeln vor der Jury erscheinen. Ich zog mein Traumthema: »Als Tourist in Moskau«, und meine Aufregung war wie weggeblasen. »Moskwa – stoliza SSSR«, begann ich. »Eto bolschoi polititscheski, ekonomitscheski i kulturnui zentr s mnogimi dostoprimetschatelnostjami ...« Weiter kam ich nicht. Die Juryvorsitzende stöhnte, verdrehte die Augen und rief entnervt: »Sledujuschtschi, poschaluista! – Der Nächste bitte!«

Russischolympiade, die: *zwischen Schulen organisierter Wettbewerb, bei dem um die besten Kenntnisse u. Fertigkeiten auf dem Feld der russischen Sprache gewetteifert wird*

Wenn man zog, zischte Luft hinein

Das Einmachglas ist ein Relikt aus den Zeiten der Vorratswirt-
schaft, als frisches Obst zumeist Mangelware und die Feinfrost-
technik noch nicht verbreitet war. Wahrscheinlich wurde im
Osten mehr eingemacht als im Westen, weil einem hier die Bananen und Datteln nicht in den Mund flogen. Im Winter bekam man ohnehin nur Äpfel und Kuba-Orangen zu kaufen.

Eingemacht – nicht etwa eingeweckt oder eingekocht – wurde
bei uns so ziemlich alles, was im Garten an Bäumen, Sträuchern
und am Boden wuchs. Meine Großeltern jäteten und ernteten
und führten das Einmachgut eimer- und körbeweise meiner Urgroßmutter zu, die es mit dem Messer zerkleinerte. Bei schönem
Wetter saß sie im Schatten der Scheune und schabte Möhren,
Sellerie und Rote Bete, schälte Gurken, schnippelte Bohnen
und schnitt Äpfel und Birnen aus, knaupelte Johannisbeeren ab
und säuberte Kirschen, Erd- und Stachelbeeren. Eingemacht
wurde auf dem Herd im großen Einmachtopf, in dem jeweils
eine Batterie Gläser Platz fand. Ich sehe noch, wie Großmutter,
ehe sie die Glasdeckel schloß und die Klemmen anlegte, ein
Häufchen Zucker über die Früchte schüttete, der wie Schnee
auf dem Obstberg lag. Eingemachtes sollte nicht nur saftig, sondern vor allem süß schmecken, meistens schmeckte es süß-säu-
erlich-matschig. Gurken, Bohnen und Rote Bete hingegen wurden in einer herzhaften Essig-Gewürzmischung gebrüht, nach
der das Waschhaus noch Tage später roch.

Hatte ich Appetit auf Eingemachtes, mußte ich mit der Taschenlampe in den Kartoffelkeller, wo auf einem Holzrost die

Vorräte – halbwegs nach Größe und Inhalt geordnet – vor sich hin staubten. Da die Gläser nicht beschriftet wurden, war nur an der Stärke der Staubschicht zu erahnen, wie lange sie schon da standen. Schimmel auf den Früchten war ein Indiz dafür, daß entweder das Glas undicht oder sein Inhalt steinobstalt war.

Hatte ich mich endlich für ein Glas – zum Beispiel Senfgurken oder Stachelbeeren – entschieden, fingen die Probleme erst an. Das schwierigste in der Einmachgesellschaft war nämlich nicht das Einmachen, sondern das Öffnen der Einmachgläser. Es gab solche, die Einmachgummis mit überstehendem Zupfende hatten. Zog man kräftig daran, zischte Luft hinein, und der Deckel ließ sich abheben. Manchmal zischte es nicht, und man hielt das abgerissene, altersschwache Stück Gummi zwischen Daumen und Zeigefinger. Da half dann – wie bei Gummis ohne Zupfende – nur noch der mechanische Einmachglasöffner, eine handtellergroße Zieh-Klemm-und-Schraub-Vorrichtung mit Holzgriff und Stahlfeder, ungefähr zehnmal so kompliziert wie ein Büchsenöffner. Wie bitte? Sie wissen noch nicht einmal, wie ein mechanischer Büchsenöffner funktioniert?

Beginnen wir mit dem Büchsenöffnen. Nehmen Sie eine Fischbüchse – sagen wir: Makrele in Tomatentunke –, setzen Sie den Öffner mit der Schneide am Dosenrand an, und hauen Sie mit der Faust drauf, bis er das Blech durchdringt und die Soße spritzt. Jetzt hebeln Sie vorsichtig und mit viel Gefühl und drehen dabei langsam die klebrige Büchse. Sie werden staunen, wie das flutscht, und falls das Blech nicht zu weich ist, kommen Sie ohne Zwischenfälle herum. Doch meistens ist es zu weich oder der Öffner zu stumpf, und Sie rutschen ab oder schieben das Blech zusammen. Jeder Versuch, die Finger zu Hilfe zu nehmen, kann zu Verletzungen führen und Blutverlust zur Folge haben, und im ärgerlichsten aller Fälle wissen Sie am Ende nicht, ob der Fisch in Tomatentunke oder in Hämoglobin schwimmt.

Im Unterschied zum simplen, rustikalen Büchsenöffner hat der Einmachglasöffner eine elegante leichtmetallene Feder-schlinge, die man herauszieht und gefühlvoll um den Glashals legt. Um das spröde, zupflaschenlose Gummi ein wenig anzu-heben, so daß Luft hineinströmen kann, muß nun die Hals-schraube fest angezogen werden. Zischt es, ist die Operation ge-lungen. Knirscht es, war es der Glashals. Trotz solcher kleinen Schwierigkeiten wird heute immer noch gern eingemacht, selbst dann, wenn es aufgrund der verbesserten Versorgungslage gar nicht mehr nötig erscheint. Vielleicht liegt das am Kreislauf un-serer Gärtnernatur: Was man bestellt, muß man ernten. Was man erntet, muß man verarbeiten. Was man verarbeitet, muß man auch essen. Der Mensch muß immer etwas, also macht er und macht ein.

Einmachglas, das: *(zylindrisches) Glasgefäß mit (Glas-)Deckel, das (mit einem Einmachring) luftdicht verschlossen wird*

Der zwölfte Mann

Staus auf der Autobahn waren selten, Fahrzeugschlangen vorm Bahnübergang ein alltägliches Ärgernis. Egal, wann man losfuhr und wohin man wollte, irgendwo ließ unterwegs der Bahnwärter die Schranke herunter. Oft dauerte es eine Ewigkeit, bis der Zug kam. Dann noch einmal so lange, bis der Gegenzug vorüber war. Manchmal blieben die Züge aus, und nach einer halben Stunde vergeblichen Wartens ging die Schranke wieder hoch. Die rotweiße Straßensperre, im Volksmund *Sabotagebalken* genannt, wurde noch per Hand hoch- und runtergeleiert. Dazu mußte der Bahnwärter sein Häuschen, das neben der Straße an den Schienen stand, verlassen. Er kurbelte mit beiden Händen, während ein Hammer im Takt gegen eine schüsselartige Gußform schlug. Kaum daß die ausgeklappten Stützen des Balkens das Straßenpflaster berührten und nachfederten, ließ der Mann die Kurbel los und eilte in seine Behausung zurück.

Alle Räder stehen still, wenn sein starker Arm es will! Wie weit reichte der verlängerte Arm des Schrankenwärters? An unbewachten Übergängen ebenso wie zwischen automatisch schließenden Halbschranken ereigneten sich die haarsträubendsten Unfälle: Busse verkeilten sich in Güterzügen, Motorräder wurden plattgewalzt, Pkws aufgeschlitzt und Hunderte Meter von der Lok mitgeschleift. Panzer, die beim Manöver fahrlässig die Schienen kreuzten, richteten Massaker unter Bahnreisenden an. Aber wo der Schrankenwärter seine Hand im Spiel hatte, kam es schlimmstenfalls zu Wutausbrüchen.

In einem Waldstück an der Strecke Burgkemnitz–Wittenberg war die Schranke stets geschlossen. Im Bahnwärterhäuschen wohnte eine ältere und schon etwas schwerhörige Frau; wollte man die Gleise überqueren, mußte man sich durch lautes Rufen bemerkbar machen. Nach einer Weile kam sie heraus. An ihrem mürrischen Gesicht merkte man, daß sie lieber im warmen Stübchen sitzen geblieben wäre. Einmal reagierte sie überhaupt nicht. Da gingen wir zu ihrem Häuschen und sahen durchs Fenster, daß die Schrankenwärterin am Tisch neben ihrem Kaffeepott eingenickt war. Durch unser Klopfen geweckt, schreckte sie hoch und herrschte uns an. Wer uns erlaubt hätte, unbefugt Bahngelände zu betreten!

Vielerorts machten sich fliegende Händler die Wartezeiten vor der Schranke zunutze. An der Bahnstrecke Potsdam–Wustermark konnten wir uns so im Sommer mit frischen Erdbeeren und im Herbst mit Maronen und Pfifferlingen eindecken, am Bahnübergang Raguhn gönnten wir uns große Portionen Eis. In Thüringen und im schmalspurigen Harz gab es Kräuterschnaps, mit unabsehbaren Folgen: Vor stark frequentierten Übergängen spülte man dann gemeinschaftlich den Ärger hinunter, und an weniger belebten Abschnitten wurden Kinder gezeugt. Die Bahnschranke hat nicht nur Schlagerkomponisten zu Liebesromanzen inspiriert, sondern auch Literaten zu Weltruhm verholfen. Gerhart Hauptmanns Tragödie vom Bahnwärter Thiel ist heute Schullesestoff. Wer aber kennt den Schrankenwärter von Brieselang, der 1976 das Fußballpokalfinale im brandenburgischen Kreis Nauen entschied?

Unsere halbe Mannschaft stand an der Schranke. Der Bahnwärter ließ den Expreß nach Stralsund passieren und wartete den verspäteten Personenzug aus Hennigsdorf ab. Der Balken blieb weitere zwanzig Minuten unten, bis sich ein Güterzug

näherte und im Schneckentempo vorüberruckelte. Der Bahnwärter streckte den Kopf aus seinem Bau und grinste ... Das
Pokalspiel endete 4:3 für Chemie Brieselang, weil unsere Elf
bis zur Halbzeit mit nur sechs Stammspielern auskommen
mußte, während der Gegner mit einem zwölften Mann, dem
Bahnwärter, agierte. Dessen Einsatz wurde auch noch belohnt.
Am Tage nach dem Pokalgewinn prangte am Brieselanger Bahnwärterhäuschen ein Schild: »Hier arbeitet ein hervorragendes
Schrankenwärterkollektiv«.

Bahnwärter, der: *Angestellter der Eisenbahn, der vor bzw. nach Passieren eines od. mehrerer Züge die Schranken herunter- bzw. hochkurbelt
u. die Gleisanlagen überwacht*

Mit Leid und Nadelstich

»Rechte Liebe, guter Zwirn, / mag sich beides finden. / Ohne Leid und Nadelstich / kann sich nichts verbinden«, steht zweideutig auf Großmutters Nadelsortiment, das sie von ihrer Mutter, der Kleinbäuerin Friederike F., geerbt hat. Der Fingerhut wurde während des Ersten Weltkrieges gestanzt, er zeigt das Hermannsdenkmal und darunter den Spruch: »Herzen zu Gott – Fäuste auf den Feind«. Und Nadelstiche für den Sieg, wäre zu ergänzen. Denn die Frauen daheim sollten fleißig warme Unterwäsche für die Frontkämpfer nähen. Die von Urgroßmutter Friederike genähten Unterhosen verhinderten nicht, daß ihr Mann Wilhelm in Rußland an Tuberkulose erkrankte. Über die Lazarette Schielo und Magdeburg ist er heimgekehrt und lag noch ein paar Monate in der Kammer, ehe er starb. Wegen der Ansteckungsgefahr mußte Urgroßmutter die Kinder von ihm fernhalten. Mit Leid und Nadelstich – das Leben ging weiter. Bei fünf Bälgern gab es ständig zu flicken und zu stopfen, spätabends, wenn die Brut endlich im Bett lag. Weil er das Blutvergießen wenigstens in der Nähstube eindämmte, gebührt dem Fingerhut ein Ehrenplätzchen auf meiner Liste.

Großmutter hatte die Fingerrüstung nötig, wenn sie abends am Fenster saß und meine Hosen flickte. Sie machte kein Licht in der Stube, sondern nähte, um Strom zu sparen, im Schein der Straßenlaterne. Ich sah ihr manchmal dabei zu. Die Nadel flog hin und her, und der matt schimmernde Fingerhut an der linken Hand schien in der Luft zu schweben. Zum Strümpfestopfen nahm sie einen hölzernen Stopfpilz zu Hilfe. Wer stopft heute noch Strümpfe? Wir leben im *Sockenzeitalter*, und die Socke geht so lange umher, bis sie ein Loch hat. Zur Not lassen sich zwei löchrige Socken übereinander anziehen, bei Nylonsocken auch drei, so daß die Löcher zeitweilig wieder verschwinden. Das Flicken und Strümpfestopfen stirbt mit unseren Großmüttern aus.

An welchen Finger gehört überhaupt der Fingerhut? Die Frage läßt sich nur praktisch beantworten, machen wir die *Stichprobe*. Ich krame mein Nähzeug aus dem Rucksack, um einen abgefallenen Knopf anzunähen, den ich schon seit Wochen in meiner Manteltasche herumtrage. Das Einfädeln geht flott, beim zweiten Versuch gelingt auch der Knoten am Fadenende. Gelernt ist gelernt, wir hatten noch Nadelarbeit in der Schule. Doch dann erweist sich das Mantelleder als zu zäh oder die Nadel als zu stumpf, ich drücke ihre Spitze mit Gewalt durch den Stoff, bis sie – autsch! – im Finger steckenbleibt. Ein Tröpfchen Blut sickert aus der Kuppe, klein und rund, die rote Perle krönt den Mittelfinger meiner linken Hand.

Jetzt bloß nicht leichtsinnig werden und Urgroßmutters Fingerhut über die Wunde stülpen! Der ist nämlich aus Messing, und Messing sondert, wie man inzwischen weiß, an schwitzender Haut Grünspan ab. Ein heimtückisches Gift – wie viele ahnungslose, fleißige Näherinnen mögen daran zugrunde gegangen sein. Träger von Porzellan-, Horn-, Gold-, Silber- und Elfenbeinhülsen hatten bessere Überlebenschancen, die Hausfrau im 20. Jahrhundert *verhütete* mit Emaille oder Duroplast. Und heute? Der Stopfpilz dämmert im Nähkästchen vor sich hin, und die Nadeln stecken im Ruhekissen. Trotz Krieg, Schweiß und Grünspan, meine Urgroßmutter hat ihren Wilhelm sechsundfünfzig Jahre überlebt und ist ihm treu geblieben. Was aber half gegen die Stiche ins Herz? Tropfen vom

Roten Fingerhut! *Digitalis purpurea* ist eine in West- und Mitteleuropa verbreitete Giftpflanze, deren Inhaltsstoffe zu einem Herzmittel verarbeitet werden.

Fingerhut, der: *hülsenförmige Kappe, die dem Finger Schutz gegen Nadelstiche bietet; vor 2 500 Jahren in Bronze von den Etruskern nach Germanien eingeführt, seit dem 15. Jh. vorwiegend aus Messing gegossen*

Der Krieg mit den Rasenmähern

Und immer wieder wächst das Gras. Jeder Parkpfleger, Kleingärtner und Eigenheimbauer mit mehr als vier Quadratmetern Grünfläche weiß ein Lied davon zu singen. »Ich hört' ein Sichlein rauschen, / wohl rauschen durch das Korn ...« Das ist reine Nostalgie, denn mit Sichel und Sense läßt sich nun mal kein Rasen stutzen, weder englischer noch deutscher, jedenfalls nicht so kurz, gleichmäßig und glatt, wie es dem Einheitsgebot entspricht. Gestutzt werden aber muß. Die Wiese mit ihren wuchernden Gräsern und sich ausbreitenden Butter- und Gänseblümchen hat sich zum Feind der Zivilisation gemausert – man denke nur an die Heupferd- und Heuschnupfgefahr! Nach und nach wird das wilde Gräsermeer durch planvoll angesäten, butterblumenfreien Zierrasen abgelöst.

Der Zierrasen ist die Fortsetzung des Wohnzimmerteppichs mit natürlichen Mitteln. Er ist gleichmäßig grün, überschaubar und pflegeleicht. Spinnen, Käfer und Blütenpollen lassen sich bequem mit dem Staubsauger entfernen, Maulwurfshügel mit dem Kehrblech einebnen. Einziger Makel: So ein Rasen muß den Sommer über feucht gehalten, zuweilen gedüngt und von Mai bis September wöchentlich gemäht werden. Wöchentlich! »Vater, komm, wirf den Rasenmäher an!«

Karel Čapek, der Verfasser des weltbekannten Romans »Der Krieg mit den Molchen«, hat sich darüber lustig gemacht. Čapek war ein Naturfreund und leidenschaftlicher Gartenarbeiter. »Ein erfahrener Gärtner«, stellte er ironisch fest, »kauft eine Mähmaschine; das ist ein Etwas, das sich auf Rädern fortbewegt und wie ein Maschinengewehr rattert; fährt man damit über den Rasen, fliegen die Halme nur so; ich kann euch versichern, es ist die reinste Freude.«

Der Schriftsteller starb 1938, er mußte die elektrifizierte Mähmaschine nicht mehr erleben. Nie werde ich mich mit diesem schnell rotierenden, auf vier Rädern rollenden Hackmesser anfreunden! Der Rasenmäher, ganz gleich, ob mit Strom- oder Benzinantrieb, duldet keine Lieder. Er hat den pfeifenden Schnitt der Sense in ohrenbetäubenden Lärm verwandelt. Er brummt, brüllt und dröhnt, daß im Umkreis von einem halben Kilometer die Vögel taub von den Bäumen fallen.

Sensen und Sicheln verrosten in der Scheune, während die Rasenmäher von Jahr zu Jahr an Pferdestärken zulegen. Sie verfolgen und umzingeln mich. Wenn ich die Dorfstraße entlangkomme, blecken sie hinter den Gartenzäunen ihre Messer. Um mich zu ärgern, sprechen sie sich untereinander ab und mähen gestaffelt. Sobald einer fertig ist, wirft der nächste seinen Motor an, dann der übernächste und so weiter. An den Wochenenden wetteifert die ganze Mannschaft. Da selbst der Versuch, die Mähmaschine durch eine Schafherde zu ersetzen, gescheitert ist – die Schafe fraßen nicht den Rasen, sondern meine Rosen ab –, wird eines Tages in mir der Bombenleger erwachen und die Armada in die Luft sprengen. Wicken und Disteln dürften endlich wieder blühen, der Klee könnte aufatmen, und die Grashüpfer würden es mir danken. Aus allen Gärten hörte man wieder ein fröhliches Dengeln und Rauschen. Auch ich würde meines Schwiegervaters Sense wetzen, ihren Schaft schwingen und ihr Blatt durchs Gras ziehen, Schnitt um Schnitt, gleich früh am Morgen, wenn noch der Tau auf den Halmen liegt. Vielleicht würden wir sogar gemeinsam zu singen anfangen: »Ich hör' ein Sichlein rauschen ...« Und sollte eines Abends der Ge-

113

vatter Tod an meine Pforte klopfen, mit einem Benzinrasen-
mäher an der Knochenhand, dann sens' ich ihn um!

Sense, die: *(eigtl. = die Schneidende): Gerät zum Mähen, dessen lan-*
ges, bogenförmig gekrümmtes, am freien Ende allmählich spitz zulau-
fendes Blatt rechtwinklig am langen Stiel befestigt ist

Hurch, es dunnert!

»Wie wird der Tag?« Ich lief in den Hausflur, wo das Wetterhäuschen hing. »Sonnig«, rief ich, wenn die Frau vor der Türöff-
nung stand. Zeigte sich der Mann, mußte man mit Wind und
Regen rechnen, im schlimmsten Fall sogar mit Sturm. Am
Abend vorm Schulsportfest klemmte ich das Männlein ein. Das
Schönwetterweib blieb die ganze Nacht über draußen, trotzdem
fiel am nächsten Morgen das Fest ins Wasser.

Meine Großeltern hatten das Häuschen von ihrem FDGB-
Urlaub im Erzgebirge mitgebracht. Es hatte einen spitzen Gie-
bel, einen Balkon und darunter zwei von Rosen umrankte
Eingänge. Sensibler noch als das Wetterpaar reagierte mein
Großvater auf die Lage in den Lüften. Er spürte die Wetter-
wechsel in der großen Zehe. Beim Austreten im Hof legte er
den Kopf in den Nacken und betrachtete den Himmel. »Abend-
rot – Gutwetterbot'!« oder »Morgenrot mit Regen droht!« pro-
phezeite er. Manchmal auch: »Je weißer die Schafe am Himmel
gehn, desto länger bleibt das Wetter scheen!« Regen gab es,
wenn die Schwalben tief flogen oder der Hund Gras fraß. Um
die Windrichtung zu bestimmen, hielt Großvater seinen
spuckebefeuchteten Finger in die Luft. Und Unwetter verkün-
digte er, indem er geräuschvoll *einen fahren ließ*: »Hurch, es dun-
nert!«

Urgroßmutter zog sich bei Gewitter ängstlich in ihre Stube
zurück. »Der Blitz«, murmelte sie, »wenn nur nicht der Blitz ein-
schlägt.« Der Blitzableiter am Dachfirst vermochte ihre Sorge
nicht zu dämpfen. »Lach nur, mit so was spaßt man nicht.« Und

dann folgte die Geschichte von der Kohlen-Schäfern, bei der der Blitz eingeschlagen hatte. Der Blitz war wohl eher eine kräftige Windbö gewesen, das Gewitter ein heftiger Sturm. Der Sturm fegte orkanhaft das geteerte Schuppendach samt Gebälk in den Hof, wo es vor Küchenfenster und Haustür landete und den Ausgang versperrte. Urgroßmutter, die gerade mit anderen Frauen beim *Federnreißen* saß, erschrak vor dem Gepolter und der plötzlichen Finsternis und flüchtete aus dem Schlafstubenfenster. Sie war die einzige, die meine Prognosen ernst nahm. »Wie wird der Tag?« Ich schaute nach dem Wetterhäuschen und meldete: »Fraulich!«

Mitunter bockte der Mann. Im Frühjahr und im Herbst blockierte er tagelang die Schwelle, und es regnete Bindfäden. »April, kalt und naß, füllt Scheune und Faß«, freute sich Großvater. Doch das Faß lief über, das Grundwasser stieg und drückte in den Keller. Mit Eimern und Kannen mußte es in den Hof geschöpft werden. Kartoffeln und Karotten lagerten vorsorglich auf Lattenrosten, die über Böcke gelegt waren, Apfelstiegen, Saftflaschen und Einweckgläser waren auf Paletten abgestellt. Eines Tages watete Großmutter zum Kartoffelnholen durch die Flut, die mittlerweile bis an die zweite Treppenstufe reichte, und stieß einen Schrei des Entsetzens aus. »Eine Ratte, eine riesige Ratte!« Großvater kroch in die Gummistiefel, griff sich Taschenlampe und Rodehacke. Da sich Großmutter weigerte, ein zweites Mal in das *Rattenloch* zu steigen, mußte Urgroßmutter mit hinunter. Großvater trieb das Nagetier in die Enge, doch als er zuschlagen wollte, sprang es hoch und suchte sein Heil in der Flucht. Vor der Treppe hatte sich Urgroßmutter mit dem Nudelholz aufgebaut. Die Ratte glitschte ihr zwischen die Beine und verfing sich in den Röcken. Urgroßmutter gab keinen Laut von sich, während in ihren Unterkleidern der Kampf tobte. Am Ende sank die alte Frau auf die Stufen, und die Übeltäterin entwischte.

Am nächsten Morgen fanden wir sie im Stall, leblos lag sie da. Hatte die Jagd sie zu Tode erschöpft oder Urgroßmutter im Fallen vielleicht doch mit dem Nudelholz getroffen? Wir staunten über das dichte, glänzende Fell des Tieres und seinen langen, runden Schwanz. So sah doch keine Ratte aus! Nein, es war eine *Nutria*, ein Prachtexemplar jener edlen Sumpfbiberart, wie sie auf einer Pelztierfarm bei Schleiz gezüchtet wurde. Und der Biber war auch nicht tot – als Urgroßmutter, die sich von ihrem Schreck erholt hatte, mit rauschenden Röcken nahte, sprang er auf und davon.

Wetterhäuschen, das: *Häuschen mit nebeneinander liegenden Türen, in denen als Symbol für gutes bzw. schlechtes Wetter die Figuren einer Frau u. eines Mannes auf einer Achse stehen, die bei Luftfeuchtigkeit schwankt, so daß die Frau od. der Mann vor die Tür gedreht wird*

Deine Spuren im Sand

Der Begriff Eieruhr ist irreführend. Sollte jemals nach ihr ein Ei gekocht werden, ich würde es nicht essen. Vielleicht gab es ja einmal Sanduhren, die nach drei, vier, fünf oder zehn Minuten durchgelaufen waren oder über eine spezielle Eierskala verfügten: flüssig, weich, hart, krümelig. Annas Eieruhr hat keine Eichstriche, sie zeigt lediglich, wie die Zeit verrinnt. Das Schmuckstück steht auf der Anrichte neben dem Elektroherd: ein zierliches Messinggehäuse mit gerändelten Böden umschließt zwei elegante Glaszylinder, zwischen denen feiner weißer Sand rieselt. Kein Ticken, kein Summen, kein Klingeln stört die morgendliche Andacht; so eine Uhr ist Balsam fürs Gemüt, doch man darf sie nicht aus den Augen lassen.

»Paß auf, daß der Tee nicht zu lange zieht«, mahnt Anna.

Was ist die rechte Zeit für ein Tee-Ei? Bis wann wirkt der Tee anregend, ab wann macht er müde? Nach einem halben oder einem ganzen Zylinder, nach dem zweiten oder erst nach dem dritten Durchlauf? Annas Eieruhr ist leider auch keine Teeuhr.

Ich warte, bis der Sand vollständig durchgelaufen ist, und drehe die Eieruhr um. Vielleicht sollte ich das Tee-Ei lieber herausnehmen und die Kanne mit dem Deckel verschließen. Ich kann für nichts garantieren. Womöglich wird Anna heute aufgeputscht im Büro herumlaufen, oder sie schläft vor ihrem PC ein. Wir haben beide einen langen Arbeitstag – wie viele Sandhäufchen lang?

»Schneidest du bitte noch etwas Obst«, ruft Anna aus dem Bad.

Ich greife zum Messer, doch statt die Früchte zu zerkleinern, stülpe ich die Eieruhr abermals um und verfolge das lautlose Rieseln des Sandes mit den Augen. Anna ist seit zwei Eieruhr-Einheiten unter der Dusche. Spätestens nach dem dritten Durchlauf, schätze ich, wird sie fertig sein und in die Küche kommen, um das Müsli zu bereiten; wir werden den Eieruhr-Tee schlucken, unsere Körner löffeln und wie immer hektisch auseinanderrennen.

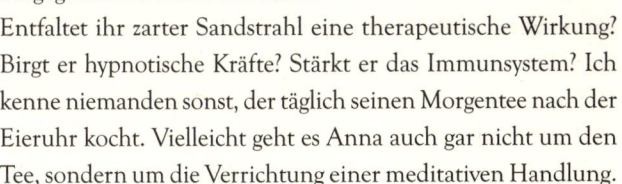

Panta rhei – alles fließt. Trotz-dem, oder gerade deshalb, hat die Sanduhr etwas Beruhigendes. Je länger ich sie betrachte, desto ausgeglichener fühle ich mich.

Entfaltet ihr zarter Sandstrahl eine therapeutische Wirkung? Birgt er hypnotische Kräfte? Stärkt er das Immunsystem? Ich kenne niemanden sonst, der täglich seinen Morgentee nach der Eieruhr kocht. Vielleicht geht es Anna auch gar nicht um den Tee, sondern um die Verrichtung einer meditativen Handlung.

Es ist so still in der Wohnung, nur die Dusche rauscht. Et-was, spüre ich, hat sich verändert. Ich schließe für einen Mo-ment die Augen, öffne sie wieder und kann es noch immer nicht glauben: Die Eieruhr steht! Oben ein Häufchen, unten ein Häufchen, dazwischen das Zeitloch – verstopft. Ich weiß nicht, wie so etwas passieren kann. Vielleicht war ein Sandkorn zu grob, vielleicht haben mehrere Körnchen um den Vortritt ge-stritten. Wird Anna nun nicht mehr aufhören zu duschen? Werde ich ewig Obst schneiden müssen? Anna im Bad und ich in der Küche, wahrscheinlich werden wir uns nie wiedersehen. »Deine Spuren im Sand, die ich gestern noch fand ...«, sang schon Howard Carpendale. Es gibt kein Gestern und kein Mor-

119

gen mehr. Und wenn ich das Messingding vorzeitig umstülpe? Fließen die Körner dann rückwärts? Dorthin, wo sie hergekommen sind? Die Morgensonne würde wieder hinter die Häuserdächer rollen, das Tageslicht verblassen, der Wecker müßte seinen Weckruf annullieren, und wir dürften zurück ins noch warme Bett ... Ich starre verträumt auf die fast gleich großen, ruhenden Sandhäufchen, als Anna neben mir auftaucht und die Verstopfung sofort bemerkt. Mit einem kräftigen Handschlag auf die Tischplatte bringt sie die Zeit wieder in Fluß. »Wo sind die Früchte? Warum hast du den Tee noch nicht eingegossen? Weißt du überhaupt, wie spät es ist?«

Sanduhr, die: *Gerät, das eine Zeitspanne durch eine bestimmte Menge feinen Sandes anzeigt, die durch eine kleine Öffnung von einem oberen in ein unteres Gefäß rinnt*

Immer war das Löschblatt weg

»Vergiß die Schiefertafel nicht!« mahnt meine Mutter. Sie gehört mit auf die Liste.

»Aber wir hatten doch gar keine Schiefertafeln.«

»Natürlich hattest du als Kind eine Schiefertafel! Weißt du das nicht mehr? Wir haben darauf das ABC geübt.«

Richtig, aber das war daheim in der Küche, nicht in der Schule. Ich saß auf der Eckbank am Tisch und kratzte mit dem Griffel auf meiner schwarzen, von Holzleisten gerahmten Platte herum. Man mußte stets so hart aufdrücken, daß es quietschte, und einen Lappen parat haben, um die dünnen weißen Striche wieder wegzuwischen. Meine Großeltern sind als Kinder noch mit der Schiefertafel unterm Arm ins Schulhaus gelaufen. Mein Vater schrieb bereits mit Feder und Tinte. Ich habe das Alphabet zunächst mit dem Bleistift, dann mit dem Füllfederhalter gelernt. Kugelschreiber waren im Unterricht nicht erlaubt, die würden die Handschrift verderben. Wenn ich das Gekrakel meines volljährigen Sohnes betrachte, gebe ich meiner Unterstufenlehrerin nachträglich recht. Mein Sohn hat nie Schönschreiben gehabt. Gibt es das Fach überhaupt noch?

Meine Generation ist noch hautnah mit Tinte in Berührung gekommen. Zwar benutzten wir das Tintenfaß nicht mehr im Unterricht, weshalb wir die Vertiefungen in den Schulbänken als Papierkörbchen mißbrauchten, doch mußte der Füllfederhalter regelmäßig zu Hause aufgetankt werden. Es gab Füller zum Ziehen, Drehen und Pumpen. In jedem Fall war es erforderlich, die Füllfeder ins Faß zu tauchen und hinterher gründlich abzuwischen, wobei aber immer Flecken zurückblieben – an den Fingern, im Gesicht und auf der Tischdecke. Auch verklebte das Tintenfaß nach einiger Zeit, so daß es sich nicht mehr öffnen ließ. Wurde das Faß nicht richtig zugeschraubt, fiel es irgendwann um und lief aus.

Das Tintenfaß ist ein dämonisches Gefäß. Ausgerechnet in der Schublade meines Schreibtisches mußte es auslaufen und mir meine Hefte versauen. Schon Martin Luther benutzte es als Wurfgeschoß, als der Teufel ihn bei der Bibelübersetzung störte. Das größte Tintenfaß ist in Dr. Heinrich Hoffmanns »Struwwelpeter« zu besichtigen, es hat die Ausmaße eines Taufbeckens. In ihm werden die bösen Buben Ludwig, Kaspar und Wilhelm abgestraft, weil sie sich über den Mohren lustig machten: »Bis über'n Kopf ins Tintenfaß / Tunkt sie der große Nikolas ...«

Gern würde ich einen Klecks auf meine Rote Liste setzen, doch ich bin kein Kopist und möchte auch nicht des Epigonentums bezichtigt werden, denn über das Ende der Tintenkleckserei hat bereits die *Neue Zürcher Zeitung* berichtet. »Das Zeitalter purgatorisch gereinigter Schreibstrategien auf Typewritern, Kugelschreibern und PCs«, heißt es dort, »kennt keine Tintenkleckse mehr. Von Unreinheiten aller Art, von der Überfälligkeit einer Kritik der unreinen Vernunft aber hat es tief verstörte Ahnung.« Das verstörendste an diesem Artikel ist, daß der Autor von Luther bis E.T.A. Hoffmann und von Goethe bis Peter Rühmkorf die *Tintessenz* aus vielen Jahrhunderten Federkiel zu ziehen versucht, ohne die kathartische Wirkung des Löschblatts zu erwähnen.

Das Löschblatt war in der Federhalterära Pflicht, es diente zum Ablöschen der frisch verschriebenen Tinte. Noch früher nahm man feinen Sand dazu. Vergaß man das Löschen, verschmierte die Schrift. In der Unterstufe bekam ich eine Eins in Schönschreiben, doch in Ordnung – auch so ein vernachlässigtes Schulfach – nur eine Drei. Immer war das Löschblatt weg. Meine Klassenlehrerin, die zu Beginn jeder Unterrichtsstunde die Hefte kontrollierte und von jedem ein sauberes Löschblatt sehen wollte, ahnte nicht, daß an meinem Füller die Hülle fehlte. Ein hüllenloser Füller trocknet ein, und man muß mit ihm, um ihn wieder gebrauchsfähig zu machen, einige Male kräftig aufs Löschblatt klecksen. Ich kleckste und kleckste. Die Mädchen, die eine Eins in Ordnung hatten, besaßen nicht nur sorgsam verschraubte Füller, sondern auch dicke Löschpapierblöcke. Wenn ich sie höflich darum bat, gaben sie mir ein neues Blatt, das ich der Lehrerin vorzeigen konnte, bis auch dieses bekleckst war. Seit die Tinte schon vom Schreibwarenhersteller aus dem Faß in Füller- und Druckerpatronen umgefüllt wird, habe ich saubere Hände und kein Löschblatt mehr nötig. Vielleicht tröpfle ich aber doch ein wenig auf meine Liste. Wer glaubt schon an die unbekleckste Empfängnis?

Tintenfaß, das: *kleines, mit Tinte gefülltes Gefäß, das besonders beim Schreiben mit Feder u. Tinte benutzt wird*

Füllfederhalter, der: *Schreibgerät mit eigenem, nachfüllbarem Tintenvorrat*

Löschpapier, das: *ungeleimtes, saugfähiges Papier zum Trocknen von Tinte*

Meldestelle für Papiertiger

Inge: 23. Dezember 1994 bis 16. November 2002. Minna: 30. Mai bis 18. Juni 2003. Lady Di: 20. Mai 1998 bis 5. August 2000 ... Noch immer trage ich jeden Untermieter säuberlich ins Register ein. Das gehörte einst zu unseren staatsbürgerlichen Pflichten, jetzt ist es nur noch eine Marotte von mir. In jedem Falle hilft es, die Übersicht nicht zu verlieren. Mein Hausbuch, ein zweiunddreißig Seiten starkes Relikt des polizeilichen Meldewesens der DDR, wird nicht mehr kontrolliert, die zuständigen Organe haben heute anderes zu tun. Dabei gäbe es einiges zu beanstanden, meine Angaben sind nicht immer vollständig. Martha zum Beispiel ist mir vor zwei Jahren am ersten Weihnachtsfeiertag zur Mittagszeit zugelaufen, die Ente stand schon auf dem Tisch. Da war Inge gerade sechs Wochen unter der Erde. Martha muß den Braten gerochen haben, sie sprang auf meinen Schoß und wich mir nicht mehr von der Seite. Als Geburtsort habe ich »Ulla, Pension Schmidt« angegeben und wie bei Inge anstelle des Geburtsdatums ein Fragezeichen gemacht. Martha kam vermutlich in der Scheune auf die Welt. Inge wilderte bereits auf unserem Grundstück, als die Baugrube ausgehoben wurde.

»Der Wohnungsgeber hat zu prüfen, ob alle bei ihm wohnenden oder sich vorübergehend aufhaltenden Personen ihrer Meldepflicht nachgekommen sind«, heißt es in den *Hinweisen für den Hausbuchbeauftragten*. Personen, die eine Haupt- oder Nebenwohnung beziehen, müssen sich innerhalb von sieben Tagen eintragen. Im Falle von Minna und Manfred, die ich eines Morgens frisch abgenabelt neben Martha im Wäschekorb entdeckte, habe ich das sofort erledigt. Die beiden wohnten nur ein paar Monate bei uns. Minna ging mit zehn Wochen in den Westen und ist jetzt, wenn dort alles seine Ordnung hat, auf einem Bauernhof in Baden-Württemberg gemeldet. Manfred blieb bei mir und wurde vorm Grundstück überfahren. Ich bin nicht sicher, ob Inge, die nachts häufig fremdging, im Hausbuch der Nachbarn eingetragen war. Lady Di lebt dort seit vier Jahren im Exil und heißt jetzt Fips. Ihr Sohn Jimi hat keine feste Adresse, er vagabundiert. Auch Martha ist viel im Dorf unterwegs und schaut sich nach einer zusätzlichen Bleibe um, möglichst mit Vollpension. Und wie soll ich mit ihren gescheckten und getigerten Verehrern verfahren, die unangemeldet über unser Grundstück streifen und überall ihre Duftmarken hinterlassen?

Hausbücher haben eine lange Tradition. Es gibt mittelalterliche, in denen Ritterturniere, amouröse Abenteuer und Bergwerksexkursionen geschildert werden. Das Hausbuch der Mendelschen Zwölfbrüderstiftung zu Nürnberg listet Berufe auf und enthält Kupferstiche, die das jeweilige Handwerk illustrieren. Ferner haben sich das Weinviertler Hausbuch, das Große Hausbuch der Volkslieder, das Praktische Hausbuch für alltägliche Erkrankungen sowie Hausbücher für Zimmerpflanzen und Bauernregeln, ein christliches Hausbuch sowie eines von Martin Luther bewährt. Der Heimatschriftsteller Hermann Löns sprach liebevoll von seinem *Hansbur*. Doch erst mit dem gewissenhaft auf Ordnung und Meldepflicht achtenden Gastwirt in Lessings Lustspiel »Minna von Barnhelm« ging das Hausbuch in die Weltdramatik ein – es ist preußischer Natur! Die Nationalsozialisten übernahmen es, um die *Volksgemeinschaft* zu kontrollieren, und unter der *Diktatur des Proletariats* erlebte die Meldepflicht eine Renaissance. Meine Existenz als DDR-Bürger – fast dreiunddreißigeinhalb Jahre – ist in mehreren Hausbüchern beglaubigt, doch ich kann mich nur an eine einzige eigenhändige Eintragung erinnern. Es war in Jena. Kurz nachdem wir unsere Wohnung bezogen hatten, klingelte es an der Tür, und Herr Tsch., der über uns im Dachgeschoß wohnte, überreichte mir ein graues Heft mit Staatsemblem. »Tragt euch mal da ein«, sagte er, »und bringt's mir dann zurück.« Neugierig blätterte ich in dem Büchlein, doch alles, was ich den knappen Eintragungen entnehmen konnte, war, daß in unserem Haus nur alleinerziehende Mütter wohnten. Die einzige Ausnahme war der Hausbuchbeauftragte Herr Tsch., der mit Frau K., seiner alleinerziehenden Nachbarin, in wilder Ehe lebte. Angesichts der aufregenden Geschichten und Berichte aus früheren Epochen frage ich mich, wie das Hausbuch im zwanzigsten Jahrhundert so auf den Hund, pardon, auf die Katz kommen konnte.

Hausbuch, das: *in der DDR vorgeschriebenes Heft, in das in jedem Haus die Personalien aller Mieter u. ihrer Besucher zum Zwecke der Anwesenheits- u. Abwesenheitskontrolle durch die zuständigen Organe einzutragen sind*

Rüden an die Leine

Die Zeiten ändern sich. Die Frauen auch. Die Männer verschwinden. Allmählich, aber unaufhaltsam. »Männer sind auf dieser Welt einfach unersetzlich«? Aber Herr Grönemeyer, wo leben wir denn! Der Mann im Manne hat sich doch längst überlebt. Einst schnitt ihm der Herrgott den besten Teil, das Weib, aus den Rippen, der Rest landet nun auf dem Komposthaufen der Evolution. Irgendwann, in hunderttausend oder zehn Millionen Jahren, so prognostizieren Wissenschaftlerinnen, werde das Y-Chromosom ersetzt sein. Aus Selbstmitleid und Anhänglichkeit an unser lange überschätztes Geschlecht setze ich die Gattung des *Homo sapiens masculinum* schon jetzt auf die Liste der vom Aussterben bedrohten Arten.

»Sind Männer nötig?« heißt ein Buch der New-York-Times-Kolumnistin Maureen Dowd. Wer schon so fragt ... Die Autorin ist fünfundfünfzig und, natürlich, mannlos. Aber ihre Frage berührt die erogenen Zonen. Die neue Mitte ist weiblich. Frauen lächeln, tanzen, kochen, flirten, fluchen, rauchen, rasen, mobben und lieben schöner. Frauen haben nicht nur rundum gelernt, ihren Mann zu stehen, nein, sie sind eindeutig die besseren Männer. Der Damenfußball hat die Hoeltzenbeins und Völlers ins Abseits gestellt. Selbst im Profiboxen punktet die weibliche Linke. Es gibt bald keine Mannschaften mehr, nur noch Mutterschaften und Frauenriegen. Wozu soll in den Zeiten der unbefleckten Empfängnis der Mann denn noch nützlich sein? Als Packesel? Playboy? Oder Samenspender? Als Partner hat der Mann mehr oder weniger ausgedient. Frauen machen sowieso, was sie wollen. Und besorgen sich alles selber. Im besten Falle taugt der Mann noch als Gegenstand für die deutsche Komödie.

»Ich glaube«, schlußfolgerte einst Fernseh- und Frauenliebling Wolfgang Menge, »daß die Frauen in unserer Gesellschaft nur benachteiligt sind, weil die Männer so dumm sind.« Die Männer würden, wenn sie einer Frau begegnen, ja ausschließlich aufs Äußere achten. Bei der Frau scheint es eher umgekehrt. Marlene Dietrich soll einmal geäußert haben, sie kenne keine Frau, die sich ihren Mann ausgesucht habe, weil er lange Beine hat.

Worauf achtet die Frau eigentlich? Auf den langen Hals des Mannes? Auf seine Nase? Oder seinen Schritt? Hat sie überhaupt einen Blick für den männlichen Reichtum, wie ihn der Russe Viktor Jerofejew beschreibt? Ich zitiere aus seinem Nachruf auf die Männer: »Das männliche Bein stellt ein Muster an Schönheit dar ... Männliche Schultern und Brust sowie Schulterblätter, Waden und Unterarme sind durchaus uneigennützig ... Die männlichen Finger sind ein Wunder an rascher Reaktionsfähigkeit ... Der männliche Bauchnabel ist das Zentrum des kosmischen Raums ... Die Haut des Mannes ist so zart, daß man sie immerfort mit der Hand berühren möchte ... Männliche knackige Pobacken sind nicht nur an und für sich schön, sondern auch dadurch, was zwischen ihnen zu sehen ist ...«

Doch im Park begegne ich fast nur noch Frauen mit Rüden an der Leine. Sie lächeln, weil *er* an jedem Baum und Busch das Bein heben muß. Wenn ich das sehe, weiß ich gar nicht, ob ich als Redakteur noch eine Perspektive habe. Vielleicht sollte ich mir schleunigst ein Pseudonym zulegen und mich Franziska nennen. Oder mir wenigstens Mühe geben, weiblicher zu schreiben, was wiederum die Gefahr mit sich brächte, als Kritiker zur

Theatertante abgestempelt zu werden. Ich habe keine Ahnung, was mir blüht. Sicher ist: Mann muß sich verändern. Obwohl das nicht so einfach ist. »Schwanz bleibt Schwanz«, bekennt Jerofejew nicht ohne Stolz, und er werde dieses Wort mit großen Buchstaben schreiben wie das Wort HEIMAT. Haben wir Männer überhaupt noch eine Heimat? Laufen wir schon an der Leine? Andererseits, wenn eines Tages alle Mannsbilder abgeschafft sein werden, wird es den Frauen dann auf Dauer wirklich besser gehen? Wenigstens ihren Buhmann wollen sie doch behalten.

Mann, der: *erwachsene Person männlichen Geschlechts (mhd., ahd. man, vielleicht urspr. = Denkender)*

Schußfahrt nach Bad Düben

Meine ersten Fahrradrunden habe ich im Alter von vier oder fünf Jahren auf dem 22er Kinderrad meines Bruders gedreht. Großvater schob und hielt mich dabei am Gepäckträger. Ein paar Tage später versuchte ich es allein und stürzte. Stolz und Schmerz hielten sich für eine Weile die Waage, dann siegte der Ehrgeiz, und ich erklomm den Sattel erneut. Als ich auf einem 24er Mifa-Tourenrad in Begleitung meines Vaters endlich vom Hof radeln durfte, fühlte ich mich wie Täve Schur auf dem Weg zu seinem ersten Etappensieg. Wir strampelten zum Schrebergartenheim hinauf. Heimwärts trat es sich dann leichter. Auf den letzten hundert Metern ging es bergab, durch eine enge, schlangenförmige Gasse. Mein Zweirad gewann an Fahrt, und Vater hatte Mühe, den Anschluß nicht zu verlieren. »Halt vor der Hauptstraße an!« hörte ich ihn rufen. Ich zog mit aller Kraft die Handbremse und schoß über den Lenker.

Die zahlreichen Prellungen und schmerzhaften Hautabschürfungen wären mir erspart geblieben, hätte ich mich des Rücktritts bedient, mit dem seinerzeit alle Fahrräder ausgestattet waren. Er funktionierte kinderleicht, man brauchte sich nur entgegen der Tretrichtung in die Pedale zu stemmen, was ein gleichmäßiges Abbremsen des Hinterrads zur Folge hatte. Der Rücktritt bildete sozusagen das Unterpfand für ein verkehrssicheres zweirädriges Fortkommen. Die Handbremse, bei deren Betätigung sich über ein Gestänge ein Hartgummistück auf den Reifen senkte, war eine Art Rettungsanker für den Notfall. Moderne Drahtesel, vor allem Sport- und Rennräder, haben heute den totalen Freilauf und sind mit zwei von Hand über Bowdenzüge zu bedienenden Felgen- oder Scheibenbremsen ausgestattet.

Die nächste Etappe führte in die Heidelbeeren. Wir radelten in Kolonne durch den Wald: Großvater, Großmutter, Urgroßmutter, Mutter, mein Bruder und ich. Vater war das Schlußlicht und achtete darauf, daß niemand verlorenging. Ich haßte Sandwege, Urgroßmutter fürchtete Abfahrten. Ihr Damenfahrrad, ein sehr frühes Vorkriegsmodell, hatte weder Freilauf noch Rücktritt. Immerzu drehten sich die Pedale mit, und der sperrig abstehende, verrostete Hebelzug der Handbremse war für ihre Finger unerreichbar. Urgroßmutter hatte als junges Mädchen auf diesem Vehikel das Radfahren gelernt und war nicht zu bewegen, es gegen ein anderes mit Rücktritt zu tauschen. Solange der Weg ebenerdig verlief oder nur leicht anstieg, hielt sie tapfer ihre Position. Kurz vorm *Wachtmeister*, einem Berg mit Aussichtsturm in der Dübener Heide, mußten wir absteigen. Mein Bruder und ich schoben am schnellsten, warteten auf dem Gipfel und fuhren dann mit Vater voraus, um unten im Tal notfalls die Straße abzusperren. Denn was folgte, war selbst zu jener automobilarmen Zeit nicht ganz ungefährlich: Urgroßmutter bestieg ihr Rad und ließ es rollen.

Da nichts die Fahrt bremste, überholte sie schon nach hundert Metern Großvater und Großmutter, nach zweihundert Metern meine Mutter. Mit jeder Sekunde legte Urgroßmutter an Geschwindigkeit zu.

Schließlich kam sie, wild strampelnd und mit flatterndem Kopftuch, auf uns zugeschossen. Die alte Frau wirkte hilflos, sie traute sich nicht, die Füße von den Pedalen zu nehmen, weil sie letztere schon einmal in die Hacken bekommen hatte. Sie strampelte und strampelte. Es sah aus, als ginge ihr die Abfahrt nicht schnell genug. Wir gaben ihr Zeichen, daß sich kein Auto auf der Strecke befand. Urgroßmutter sauste vorbei und rollte aus. Als sie endlich absteigen konnte, hatte sie einen roten Kopf und butterweiche Knie. Wir feierten sie, als hätte sie die Friedensfahrt gewonnen.

Rücktrittbremse, die: *Reibungsbremse in den Freilaufnaben von Fahrrädern; durch Rückwärtsbewegung der Tretkurbel wird der geschlitzte Bremsmantel durch zwei konusförmige Körper auseinandergespreizt u. dadurch an die Innenseite der umlaufenden Radnabe gepreßt*
Schur, Gustav-Adolf (genannt Täve): *geb. 1931, DDR-Radrennfahrer, zweifacher Einzelsieger bei der Intern. Friedensfahrt (1955 u. 1959), zweifacher Straßenweltmeister (1958 u. 1959)*

Wir Deutschen sterben aus

Es kam der Tag, an dem Urgroßmutter neunzig wurde. Sie war früher als sonst auf den Beinen und schurrte aufgeregt durchs Haus, um die Geburtstagsvorbereitungen zu überwachen. Aus ihrem Spind fingerte sie eine große, geblümte Kanne samt Untersetzer, der mittels Gummi an Deckel und Schneppe befestigt wurde. Dann kramte sie ihr Lederportemonnaie aus der Schublade und gab bei Großmutter ihre Bestellung auf: Bohnenkaffee, Muckefuck (Malzkaffee), Speckkuchen, Spuckkuchen (Kirschkuchen mit Kernen) und Schokoladenkuchen vom Blech. Am Nachmittag füllte sich die Stube; es wimmelte von Kindern und Kindeskindern, von Cousins und Cousinen, Großtanten und -onkels. Die Wiedererkennungsszenen wollten kein Ende nehmen: »Bist du nicht ...?« »Ach ja ...« »Ach nein ...« »Ach was ...« »Leibhaftig ...!« »Unverkennbar ...!« »Noch immer die alte ...!« »Wie die Kinder gewachsen ...!« »Wie die Zeit vergeht ...!« »Gut siehst du aus ...!« »Was denn, auch tot ...?« »Seit so vielen Jahren ...« »Nicht zu glauben ...« »Der war doch noch ...« »Oje!« »Na ja!« »Nu denn ...«

Pausenlos klappte die Stubentür, die Blümchenkanne mußte viertelstündlich nachgefüllt und der Kuchenberg wieder aufgestockt werden. Urgroßmutter saß mit fleckigen Apfelbacken am Tafelende und strahlte: »Immer langt zu«, forderte sie, reichte die Flasche mit dem Johannisbeerschnaps herum, trank und kaute selbst mit unersättlichem Appetit. »Schön, daß ihr alle da seid!« – »Auf dein Wohl, Mutter! Auf die nächsten zehn! Auf den Hundertsten!« – »Ooch«, wehrte Urgroßmutter ab, »bloß nich ...«

Diese Szene, die ich als Zwölfjähriger erlebte, habe ich vor Augen, wenn heute von der Auflösung der Großfamilie geredet wird. Das Dilemma muß damals in Urgroßmutters Stube begonnen haben. Nie wieder habe ich ein so volles Haus gesehen. Innerhalb von drei Jahren reduzierte sich die Tafelrunde fast um die Hälfte. Die Achtzigjährigen starben. Die Siebzigjährigen starben. Urgroßmutter wurde älter und älter. Wenn sie in meinem Beisein die Zeitung aufschlug und die Todesannoncen studierte, murmelte sie: »Nu hat der sich ooch noch furtjemacht ...«

Wir werden immer weniger. Nicht nur die Großfamilie, die Familie überhaupt ist ein auslaufendes Modell. Obwohl bei uns niemand die Ein-Kind-Ehe propagiert, verringern wir uns nach dem chinesischen »1+1=1«- oder »1+1<1«-Prinzip. Ein Mann, eine Frau, ein Kind. Ein Mann, eine Frau, kein Kind. Mitunter gerät die Ordnung auch völlig aus den Fugen: Frau und Frau, Mann und Mann, Mann ohne Frau, Frau ohne Mann ... Wenn sich heute durchschnittlich jedes Paar nur noch ein Dreiviertelkind anschafft, halbiert sich dann nicht irgendwann die Bevölkerung? Wie oft läßt sich ein Volk halbieren? Und was bleibt da am Ende für ein Rest?

Fakt ist, wir Deutschen sterben aus, der protestantische Norden früher als der katholische Süden. Eines nicht mehr allzu fernen Tages werden die letzten Großfamilien zu kulturellen Leuchttürmen erklärt. Meine Mutter stammt noch aus einer kinderreichen Familie. Mein Großvater väterlicherseits ebenfalls. Doch schon mit meinem Vater hört sie auf – ein Einzelkind, das letzte Glied. Es zeugte noch zwei Kinder. Mein Bruder und ich, wir haben jeweils nur noch ein Kind gezeugt. Chinas oberster Geburtenregler Deng Xiaoping wäre stolz auf uns gewesen – Helden der sozialistischen Verhütung! Unsere Kinder werden vielleicht wieder ein Kind, doch keine Nichten und Neffen mehr haben. Mit ihnen beginnt die Generation der verwitweten Onkels und Tanten. Wo finden künftig noch Familientreffen statt? Im Reagenzglas? Im Internet? Oder am Katzentisch?

Großfamilie, die: *großer Familienverband, der aus Vertretern mehrerer Generationen besteht*
Deutschen, die: *vom Aussterben bedrohtes, da zwar arbeitsames, doch zeugungsunwilliges Volk*

Die Würze des Bratenrocks

Die Woche über hingen sie, vor Licht, Staub und Motten geschützt, im Kleiderschrank: Großmutters geblümtes Baumwollkleid und Großvaters dunkler Anzug, der sogenannte *Bratenrock*. Kleid und Jackett hatten eine Zellophanhaube über den Schultern, die Anzughose war exakt auf Bügelfalte gelegt. Selbst wenn nie der Schmutz des Alltags auf sie fiel, wurden die *guten Sachen* vor dem Tragen noch einmal gebürstet und gebügelt. Rein und makellos mußten sie sein. Ein Sonntag ohne Sonntagssachen war wie eine Predigt ohne Pastor oder wie eine Kaffeetafel ohne Kuchen. Apropos Predigt: Pfarrer Ziedel war der einzige im Dorf, der seinen Sonntagsanzug auch wochentags trug. Einmal erschien er in Großmutters Küche, zog die Hosenbeine hoch und machte es sich auf der Chaiselongue bequem, dem Lieblingsplatz des Hundes. Als sich der Kirchenmann wieder erhob, haftete ihm ein braunes Winterfell an seinem Allerwertesten.

Der Sonntagsbraten war heilig und wurde bei uns dennoch in der Küche aufgetischt. Da man sich beim Essen bekleckern konnte, blieben die Sonntagskleider noch im Schrank. Und es gab nicht nur die guten Sachen, sondern auch das gute Geschirr und die gute Stube. Sofa und Sessel waren mit einer roten Decke überzogen, die dauernd verrutschte, die Kissen steckten in handbestickten Überzügen, alles wurde geschont. Im Glasschrank wartete die Kristallvase auf die Geburtstage, dann tauschte man die geblümte Tischdecke gegen eine weiße mit Spitze. Die Möbel waren entweder Erbstücke oder gehörten zur

Mitgift. Großvaters Bratenrock war ursprünglich sein Hoch-
zeitsanzug; ein Foto zeigt den Bräutigam mit Fliege und *Klapp-
hut* neben der blumenbekränzten Braut.

Die Sonntagssachen kamen erst beim Sonntagsspaziergang
zu ihrem Recht, der durch die Gasse und die Straße des Frie-
dens hinauf zum Ring führte, wo der Sportplatz war und gleich
daneben ein Gasthof. Hatten die Fußballer ein Heimspiel, standen wir erst unter den hohen Pappeln am Spielfeldrand, und
ich vertrieb mir die Zeit mit Steinewerfen. Spielten *Unsre* aus-
wärts, kehrten wir gleich in den Gasthof Zum Goldenen Ring
ein.

Die obere Dorfkneipe war berühmt für ihr Schwapperbier,
das vom achtzigjährigen Wirt gezapft und mit zittrigen Händen
zu den Tischen getragen wurde, wo die Gläser nicht mehr ganz
voll ankamen. Die Männer betranken sich in ihren besten Aus-
gehsachen, und man konnte zusehen, wie Bier und Korn die
Kleiderordnung aufweichten. Zuerst wurde der Hemdkragen
geöffnet, dann das Jackett über die Stuhllehne gehängt. Am
Stammtisch skatete man bereits mit hochgekrempelten Ärmeln.
Nach der dritten *Brühpolnischen* mit Kartoffelsalat nebst einigen Schnäpsen lockerte Paukerwilli seinen Hosenbund, und
Chorleiter Schützelheinrich, dem dauernd das zu kurze und
nicht mehr blütenweiße Hemd aus der Hose rutschte, schmiß
die nächste Runde. Irgendwann landete Schnorchelotto beim
Austreten in den Stiefmütterchenrabatten. Frauen wagten sich
nur in Begleitung hierher, zogen doch ihre gesteiften Sonntags-
blusen die Männerblicke an. Heute wüßte ich gern, wie Großmutter in ihrem weit ausgeschnittenen Blümchenkleid auf das
Männerpublikum wirkte. Damals achtete ich nicht darauf. Ich
war mit meiner Leib- und Magenspeise beschäftigt: Schwei-
nesülze mit gehackten Zwiebeln und Brot. Dazu gab es vom

137

Schwapperwirt ein kleines Porzellankännchen voll Apfelessig. Es machte Spaß, den Essig schwungvoll über dem Sülzberg zu vergießen. Einmal vergoß ich ihn im Überschwang auf Großvaters Jackett. Großmutter sprang auf und zückte ihr Taschentuch. Sie rubbelte und rubbelte. Der Essig trocknete, zurück blieben ein blasser Fleck und ein leicht säuerlicher Geruch. Die Würze, wie Großvater es nannte, der den Bratenrock noch jeden Sonntag bis an sein Ende trug.

Sonntagssachen, die: *feine, besondere Kleidung, die nur an Sonn- u. Feiertagen od. zu Familienfesten getragen wird*
gute Stube, die: *Zimmer, das die meiste Zeit des Jahres geschont u. nur zu bestimmten Anlässen betreten wird*

Mutmaßungen über Herrn K.

Als ich 1991 ins Redakteursfach wechselte, war das Zeitungs-
wesen ein schwer überschaubarer Betrieb mit zahllosen An-
gestellten. Wir hatten einen Pförtner, einen Hausmeister, zwei
Telefonistinnen, mehrere Layouter, einen Laboranten, einen
Archivar, Kleberinnen, Belichter und einen Kurier, der die fertigen Seiten in die Druckerei chauffierte. Sie alle wurden mit
den Jahren eingespart. Zuerst verschwand der Korrektor. Ich
vermisse ihn, obwohl ich ihn nie gesehen habe. Er saß abseits
in einem Kämmerlein, und ich kenne nicht mal seinen Namen.
Nennen wir ihn Herrn K.

Ich erinnere mich, wie ich meinen ersten Artikel in den
Computer tippte, eine Reportage über ein Südthüringer Haf-
lingergestüt. Der Besitzer hatte sich in den Kopf gesetzt, mit der
Pferdedroschke nach Paris zu fahren, wie einst der *Eiserne Gustav*. Er stand sogar im Briefwechsel mit Heinz Rühmann, der
den Gustav auf der Leinwand verkörperte. Als ich den Text fertig hatte, fragte ich den Redaktionsleiter, was zu tun sei. »Aus-
drucken«, erklärte er.

Ich klickte auf das entsprechende Symbol und irrte anschließend im Haus herum, auf der Suche nach dem Drucker. Eine
Etage tiefer entdeckte ich das Gerät am Ende eines langen Flures. In der Ablage sammelten sich Texte verschiedener Ressorts,
doch meiner war nicht darunter.

»Mein Pferde-Artikel ist verschwunden«, meldete ich ganz
außer Atem. »Ach«, meinte der Leiter des Ressorts Kultur und
Wochenende, »den hat bestimmt der Korrektor.«

Als ich einige Zeit später wieder nach unten ging, lag der Bogen auf dem Tischchen neben dem Drucker. Mit roter Tinte waren die Fehler angestrichen. In der Hektik hatte ich zweimal *Hanflinger* und einmal Rühmann ohne h geschrieben. Die Korrekturzeichen entsprachen exakt der Duden-Norm. Ich warf einen bewundernden Blick zur Tür, hinter der ich Herrn K. vermutete.

Das Tagesgeschäft nahm mich voll in Anspruch, und für Bekanntschaften war kaum Zeit. Sobald ich einen Text verfaßt oder redigiert hatte, druckte ich ihn aus. Ich wußte ja nun, daß Herr K. sich die Ausdrucke schnappte, in aller Stille durcharbeitete und wieder ablegte. Deshalb wartete ich stets erst eine Weile, ehe ich die Treppe hinuntersauste. Ich lief ans Ende des Flures, griff den korrigierten Bogen und eilte wieder hinauf. Ein paarmal verharrte ich lesend vor seiner Tür, doch Herr K. kam nicht heraus.

Wie sah er aus? War er gescheitelt, hatte er schütteres Haar oder eine Glatze? Trug er Jackett, eine Strickjacke oder ein weißes Hemd mit Ärmelschonern? Bestimmt hatte er eine Brille auf der Nase und stets eine Thermosflasche Bohnenkaffee in seiner Aktentasche. War er Junggeselle, geschieden, oder hatte er Frau und Kinder zu ernähren? Fest steht: Herr K. war einer der letzten seiner Art. Vielleicht ein Lehrer, der zum Schuldienst nicht mehr taugte, oder ein Setzer, der unter einer Bleiallergie litt. Früher, als Verlag und Druckerei noch eins waren, erzählten die älteren Kollegen, hätten mehrere Korrektoren im Hause gesessen, um die Druck-fahnen des Bleisatzes mit den Manuskripten abzugleichen. Da-bei sei auch das eine oder andere Manuskript mit unter die Lupe genommen worden. War ein bestimmtes Maß über-schritten, wurde dem schludrigen Redakteur ein Bier pro Feh-ler angekreidet. Leider ist das heute nicht mehr so, und die Druckfehler häufen sich, selbst in Zeitschriften und Büchern. Herr K. fehlt überall. Er war streng, aber gründlich und durch keine Software zu ersetzen. Ich will nicht behaupten, daß Herr K. ein Dichter gewesen ist. Doch ließ er Wortschöpfungen gel-ten und markierte gewagte Vergleiche lediglich mit einer Schlan-genlinie.

Eines Tages gab es einen Stau. Die Texte blieben in der Druckerablage liegen, und im Korridor sammelten sich ratlos die Redakteure. Frau K. sei vielleicht krank, mutmaßte der Fit-neßreporter. »Fräulein K.«, widersprach der Chef vom Dienst. Unsinn, dachte ich, Herr K. ist ein schüchterner, älterer Mann! Ich faßte mir ein Herz und klopfte ans Kämmerlein. Als nie-mand antwortete, drückte ich die Klinke nieder. Die Kammer war leer.

Korrektor, der: *(lat. corrector = Verbesserer) Angestellter in einem Verlag od. einer Druckerei, der Schriftsätze auf ihre formale Richtig-keit prüft*

Liftboy

Ich erinnere mich, wie ich zum ersten Mal Rolltreppe fuhr. Es war in der Moskauer Metro. Meine Mutter ließ meine Hand los und setzte vor mir den Fuß auf das Förderband. Da ich beim Aufsteigen zögerte, kam ich drei, vier Stufen hinter ihr zu stehen; die Stufen wuchsen in die Höhe und hoben meine Mutter von mir fort. Ich stapfte ihr nach. Wir glitten geschwind hinauf. Weil ich mich an den Handlauf klammerte, geriet ich in Schieflage, und meine rechte Hand war schneller oben als meine Füße. »Paß auf, wenn du absteigst, mach einen langen Schritt«, hörte ich meine Mutter sagen. Aus Angst, eingeklemmt zu werden, riß ich den rechten Fuß weit nach vorn. Mit dem anderen blieb ich hängen, so daß ich eine tadellose Telemark-Landung hinlegte.

Von nun an wollte ich überall, wo sich die Gelegenheit bot, Rolltreppe fahren. Rauf, runter. Rauf, runter ... In einem Kaufhaus, das wir häufiger besuchten, rollte die Treppe nur hinauf. Man mußte durchs Treppenhaus absteigen. Das tat ich ein paarmal, bis ich den Lift entdeckte. Kurzerhand beschloß ich, auf dem Rückweg den Fahrstuhl zu benutzen, und machte Bekanntschaft mit dem Fahrstuhlführer.

Der Fahrstuhlführer war ein alter Herr mit dünnen weißen Haaren. Er trug einen grauen, leicht speckigen Anzug, an dem ein Abzeichen blinkte, und saß auf einem Hocker, etwas seitlich, so daß er sowohl die Tür als auch die Fahrgäste im Blick hatte und mühelos mit der Hand die Apparatur erreichen konnte. Stumm wartete er, bis sich die Kabine geleert und wieder gefüllt hatte. Solange dies reibungslos vonstatten ging, rührte er sich kaum. Wurde es jedoch hinter ihm laut oder zappelig, drehte er mißbilligend den Kopf. Er bestimmte, wie viele Personen mitfahren durften, damit die vorgeschriebene Last nicht überschritten wurde. Waren es nur wenige, wartete er immer ein Weilchen, ob noch jemand zusteigen würde, dann erst hob er den Arm und drückte einen Knopf, worauf die Tür sich automatisch schloß und die Kabine anruckte.

Es waren stets dieselben Handgriffe, die der Fahrstuhlführer ausführte, doch er bewegte sich nicht mechanisch, sondern mit Bedacht – ein Fehlgriff, und der Lift bliebe womöglich stecken. Von seiner Miene konnte man ablesen, was für eine moderne, komplizierte Vorrichtung ihm da anvertraut war. Und er war es, der uns Passagieren Sicherheit gab, denn ein Fahrstuhlführer wußte, was im Havariefall zu tun war, neben ihm hing das Telefon.

Eines Tages sollte mich der Sprechapparat aus einer Zwangslage befreien. Wie üblich hatte ich mich im Erdgeschoß selbständig gemacht und war, während meine Mutter ihren Einkäufen nachging, mit der Rolltreppe bis ganz hinauf gefahren. Oben stand der Fahrstuhl abfahrbereit, doch seine Gittertür war geschlossen. Die Leute wandten sich enttäuscht zum Treppenhaus. Ich spähte durch das Metallmuster und sah, daß der Hocker in der Kabine leer war. Vielleicht war der Fahrstuhlführer auf der Toilette? Neugierig drückte ich das Gitter auseinander. Kaum hatte ich mich auf den Hocker gesetzt, stiegen die ersten Fahrgäste zu. Die Leute betrachteten mich, einige kopfschüttelnd, andere bewundernd. Ich wartete, bis die Kabine voll war, und drückte den Knopf. Der Fahrstuhl ruckte einmal kurz, dann glitt er abwärts. Auf jeder Etage öffnete ich die Tür und bedachte die Aus- und Einsteigenden mit strengen

Blicken. Als im Erdgeschoß ein Mädchen beim Zusteigen hüpfte, räusperte ich mich. Das Mädchen erstarrte. Zufrieden, weil alles reibungslos klappte, geleitete ich den Lift wieder von Stockwerk zu Stockwerk nach oben, wo in einem Kordon von Kaufhauskunden der Fahrstuhlführer wartete. Als die Tür sich öffnete, sah ich sein bleiches, vor Bestürzung verzerrtes Gesicht, griff zum Nottelefon und verlangte meine Mutter.

Fahrstuhlführer, der: *fachkundige Person, die einen Lift od. Lasten-aufzug steuert, bevorzugt Invalide od. Rentner; für die Bedienung von Lasten- u. Güteraufzügen ist eine Prüf- u. Fahrerlaubnis erforderlich*

Mangelwirtschaft

Manchmal frage ich Menschen meiner Umgebung, welche Gegenstände sie vermissen. Ältere Männer durchforsten dann ihr Gedächtnis nach Kuriositäten und nennen Lohntüte, Ohrenklappen oder Zylinder. Die häufigste Antwort der Frauen – auch hier sind es meist reifere Jahrgänge – lautet: das Waschbrett. Dabei sprechen sie das robuste Wort mit einer gewissen Zärtlichkeit aus; wahrscheinlich haben sie sich so viele Jahre die Hände am Waschbrett wund gerieben, daß sie nun mit einer gewissen Haßliebe an das Marterinstrument zurückdenken.

Meine Windeln wurden nach dem Kochen auf dem Waschbrett geschrubbt, ebenso die Bettwäsche, Unterhosen, Hemdchen, Pullover, Trainingshosen, Kniestrümpfe. Das Waschbrett stand auf zwei Holzbeinen in einem Bottich, der mit Lauge gefüllt war, und dahinter stand meine Mutter, krumm gebeugt, mit hochrotem Kopf, und verrenkte sich Arme und Schultern. Bei starken Verschmutzungen nahm sie die Handbürste zu Hilfe. Wäschewaschen war Knochenarbeit und ließ sich nicht nebenbei erledigen, zumal die Wäsche mehrmals in der Badewanne gespült, danach ausgewrungen und zum Trocknen auf dem Dachboden unseres Mietshauses aufgehängt werden mußte. Für große Wäsche ging ein ganzer Tag drauf, der Waschtag.

War die Wäsche trocken, wurde sie gemangelt. Die Mangel, bestehend aus zwei von einer Handkurbel getriebenen Holzwalzen, befand sich auf dem Dachboden des Nachbarhauses. Meine Mutter stieg mit dem Wäschekorb unterm Arm die Treppe hinauf, ich zog meinen Holzroller nach. Während meine Mutter kurbelte, kurvte ich um sie herum. Niemand, nicht einmal meine Mutter, konnte mir erklären, warum die gestärkte, papp-steife Wäsche auch noch gewalzt werden mußte. Als Student habe ich später meine Hemden stets tropfnaß aufgehängt, so er-sparte ich mir das Bügeln. Noch immer achte ich darauf, daß mir nur bügelfreie Hemden ins Haus kommen, und ich be-nötige auch keine glattgewalzte Bettwäsche. Aber ich kann ver-stehen, daß selbst die am härtesten gesottene Hausfrau heute angesichts der tollen Angebote in den Versandkatalogen weich wird. Das reinste Bügelparadies! Im Vergleich zur Mangelwirt-schaft vor vierzig, fünfzig Jahren ist das Bügeln mit einer Dampf-bügelstation (Dampfdruck drei bar, Wassertank 1,5 Liter) oder einer Dampfbügelpresse (Bügelfläche so groß wie zehn Bügel-eisen, automatischer Anpreßdruck, Superdampfstoß!) ein Kin-derspiel, vorausgesetzt, man wühlt sich zuvor durch die hundert Seiten starke Bedienungsanleitung.

Ich gehöre zur Generation WM 66. So hieß die erste Schwar-zenberger Wellradwaschmaschine mit Laugenpumpe, mit der man auch einwecken konnte. Ihr Gehäuse war unverwüstlich, und das Wasser ließ sich darin bis hundert Grad aufheizen. Zum Anheben des Deckels war dann ein Topflappen erforderlich. Beim Abpumpen mußte man darauf achten, daß das steife, ge-krümmte Schlauchende nicht aus dem Waschbecken rutschte. Man mag über die kleine Weltmeisterin aus dem Erzgebirge er-zählen, was man will, in der Not war auf sie Verlaß. 1990 hat sie uns in China von der Handwäsche befreit. Wir hausten seit Mo-naten mit unserem fünfjährigen Sohn in einem Gästezimmer der Universität von Nanking, ohne Küche und ohne Gelegen-heit zum Wäschewaschen, als uns der Generalkonsul besuchte und Hilfe anbot. Er hätte in seinem Konsulat noch eine WM 66, die niemand benutze. Wir sind nach Shanghai gefahren und haben das zentnerschwere Gerät von dort nach Nanking transportiert, dreihundert Kilometer mit dem Zug, das letzte Stück mit der Rikscha. Als wir die Waschmaschine in Betrieb nehmen wollten, paßte der Stecker nicht. Als ich einen chinesischen Stecker montiert hatte, gingen im Wohnheim die Lichter aus. Sofort erschien der Sicherheitsbeauftragte der Universität und fragte, ob wir verbotenerweise eine Waschmaschine angeschlossen hätten. Wir verneinten und probierten es eine Stunde später noch einmal. Wieder flogen die Sicherungen raus, und wieder klopfte der Mann. Er wollte einen Blick in unser Bad werfen, doch wir ließen ihn nicht herein. Von unserem amerikanischen Nachbarn erfuhren wir, daß fast alle Bewohner des Ausländerwohnheims heimlich Waschmaschinen betrieben, und sobald zwei Geräte gleichzeitig liefen, brach im ganzen Haus die Stromversorgung zusammen. Wir haben uns dann mit den anderen Parteien abgestimmt und meist in der Nacht gewaschen. Auch, um unseren Sohn nicht zu gefährden – denn aus irgendeinem Grund stand während des Aufheizens immer das Waschmaschinengehäuse unter Spannung.

Waschbrett, das: *in einen Holzrahmen gespanntes, gewelltes Blech, auf dem Wäsche kräftig gerieben wird; in selteneren Fällen findet es auch als Rhythmusinstrument beim Jazz, Blues u. Folk Verwendung* Mangel, die: *(mhd. mange = Glättpresse, deren Walzen mit Steinen beschwert wurden) größeres, von Hand zu bedienendes Gerät, in dem die Wäsche zwischen zwei rollenden Walzen geglättet wird*

Sekretärin und Nebenfrau

»Frollein, ein Bier!« Ich bezweifle, daß eine Serviererin heute noch auf diese Anrede reagiert. Falls doch, sicherlich verärgert. Fräulein ruft man Kellnerinnen längst nicht mehr. Die Fräuleins waren zumeist junge, adrette Mädchen mit Schürze und Spitzenhäubchen, die aus irgendeinem Grund nicht nur bei angetrunkenen Gästen den Eindruck erweckten, daß sie noch zu haben wären. Man durfte sie aber auch noch so nennen, wenn sie in die Jahre kamen. Der Kellner im Frack oder mit weißer Weste hieß hingegen Ober, was ahnen läßt, daß er in der Hierarchie über dem Fräulein stand. Doch nicht nur im Gaststätten- und Hotelgewerbe war die einst so gefragte wie beliebte Dienstleisterin verbreitet.

Das Fräulein im allgemeinen war ein junges oder alterndes Mädchen im Wartestand. Es – sicherlich nicht zufällig von grammatischem Geschlecht neutral – wartete, daß jemand nach ihm verlangte: ein Gast, ein Freier, ein feiner Herr, der ihm Geld oder die Ehe versprach. Kam die Trauung zustande, konnte aus dem Fräulein über Nacht eine Gnädige Frau, eine Frau Doktor, Frau Direktor oder Frau Oberstudienrat werden. Meist kam nach der Geburt von Kindern wieder ein Fräulein ins Haus, in Gestalt des Kindermädchens. Aber das Fräulein, auf Briefkuverts mit Frl. abgekürzt, war nicht leichthin das, was man heute einen weiblichen *Single* nennen würde, also eine unverheiratete Frau; alleinerziehende Mütter, geschiedene Frauen, begüterte Damen, Witwen, Emanzen und andere Respektspersonen schieden aus. Nie wäre mir in den Sinn gekommen, meine früh ergraute Erdkundelehrerin mit Fräulein anzureden, nur weil sie, wie es hieß, keinen Mann abbekommen hatte. Andere Fräuleins dachten gar nicht ans Heiraten und hatten trotzdem einen Mann.

Tante Lotte zum Beispiel. Onkel H. hatte Lotte, als sie noch sein Fräulein Sekretärin gewesen war, im Büro verführt, geschwängert und, statt sie zu ehelichen, als sein *Verhältnis* betrachtet. Eine Frau hatte er schon. Aber konnte diese Person noch das Fräulein meines Onkels sein, der mit seiner Gattin zwar eine Ehe, doch mit Lotte ein Kind hatte?

Lotte wurde offiziell seine Zweitfrau. Er besuchte sie und die Tochter fast täglich. Einmal in der Woche war *Familientag*, da schlief er auch dort. Während die Angetraute immer zu Hause blieb, begleitete Lotte ihn zu allen Festen und Betriebsvergnügen. Später fuhren Onkel H., Lotte und das Kind gemeinsam in den Urlaub. Nur scheiden lassen wollte sich mein bigamer Onkel nicht, was Folgen hatte – für Lotte. Daß ein ehemaliges Fräulein, selbst wenn es von der Neben- zur amtierenden Hauptfrau aufgestiegen war, am Ende doch wieder zum Fräulein degradiert werden konnte, zeigte sich nach dem Ableben des Onkels. Onkel H. war nicht in Lottes Armen, sondern in seinem Ehebett gestorben. In der Zeitung waren zwei ähnlich lautende Todesanzeigen erschienen. Die beiden Frauen trafen bei der Trauerfeier in der kleinen Friedhofskapelle aufeinander. Eingezwängt in seinen Sarg, konnte der Onkel keinen Einfluß mehr auf das nehmen, was sich zu seiner Beerdigung abspielte. Nacheinander waren beide Trauergesellschaften in die Kapelle eingerückt und hatten getrennt voneinander Platz genommen. Vorn saß, von ihrer Mutter eskortiert, die Angetraute meines Onkels, hinten saß Lotte mit der Tochter und Onkel H.s Freundeskreis. Dazwischen waren einige Sitzreihen frei. Der Leichenbestatter ließ den Blick unschlüssig zwischen der ersten und den letzten Reihen hin und her schweifen. Auf seine Frage, wer die Witwe sei, schnellten beide Frauen gleichzeitig in die Höhe. »Und wer, bitte, ist die Ehefrau des Verstorbenen?« Da drehte sich die Erstfrau herum und rief in Lottes Richtung: »Immer noch ich!«

Fräulein, das: (*mhd. vrouwelin*) = *junge Frau vornehmen Standes; erst seit dem 18./19. Jh. auch für bürgerliches Mädchen; kinderlose, ledige (junge) Frau; (veraltend) titelähnliche, auch als Anrede verwendete Bezeichnung für eine unverheiratete weibl. Person*

Freuden des Frostes

Wenn die Familie zu Weihnachten beisammen war, mußte einer von uns in der Dachkammer schlafen. Dort standen ein Bett, der Wurstschrank und ein Tisch, auf dem der selbstgebackene Stollen lagerte. Manchmal fand sich in einem Winkel noch eine angebrochene Flasche Eierlikör. Im Bett sei noch keiner erfroren, tröstete Großmutter, während ich neben ihr die Bodentreppe hinaufstieg. Ihre Worte klirrten, und die Kälte kroch durch meine Strickjacke, die ich über den Schlafanzug gezogen hatte. Wie immer hatten wir gelost, und ich hatte das kürzere Streichholzende gezogen: die Kammer. Die Eishöhle! Mein Bruder durfte in der Nähstube schlafen, wo ein kleiner Ofen bullerte.

Nun wurden aber auch für mich Vorkehrungen getroffen. In der unbeheizten Dachstube lagen das ganze Jahr über die Deckbetten, aufgetürmt wie im Märchen von der Prinzessin auf der Erbse. Großmutter nahm die graue Chaiselonguedecke mit den eingewebten Hirschen ab und schüttelte jedes Federbett einzeln auf, wobei ein paar Gänsefedern zu Boden schwebten. Dann arrangierte sie den Stapel neu. Ich erhielt ein dickes Federbett als Unterlage und zwei weitere Betten zum Zudecken. Schließlich kam noch eine Schafwolldecke obenauf. Die Hirschdecke verblieb zusammengelegt am Fußende. Die Federbetten waren ausgekühlt, und ich zog die Beine an. Das Deckengebirge ragte mir bis zur Nase, so daß ich gerade noch Luft bekam. »Träum was Schönes«, wünschte Großmutter, ehe sie das Licht ausknipste. Ich fühlte mich eingequetscht. Ich war die Erbse.

Vor Kälte konnte ich nicht einschlafen. Ich hatte Eisfüße, obwohl ich mit Strümpfen im Bett lag, und Eisfinger, die ich unter meinen Hintern schob. So lagerte ich, ein fröstelnder Klumpen, darauf bedacht, mich nicht zu rühren, damit sich die Kuhle schneller erwärmte. Lediglich die Unterlippe schob ich ein wenig vor und hauchte in Richtung meiner Nase, damit diese sich nicht in einen Eiszapfen verwandelte. Dabei fiel mir die Likörflasche ein, der heimliche Trostpreis für den Dachkammerkandidaten, doch ich wagte es nicht, den Arm aus meiner Federburg zu strecken.

Vielleicht habe ich vom sonnigen Strand am Schwarzen Meer geträumt. Als ich erwachte, war es hell. Ich fühlte mich eingemummt; meine Nase spürte ich nicht mehr, und ich hatte ein heißes und ein kaltes Ohr. Das Dachfenster war zugefroren, an der Scheibe glitzerte eine bizarre Eislandschaft. Tausende von Kristallen bildeten Sterne, Rhomben und Halme. Mit etwas Phantasie waren Tiere und sogar Gesichter zu erkennen. Ich hätte mit Karl Krolow singen  können: »Blumen, zärtlich hingehaucht, / tief vom Frost umfangen, / hold in halbes Licht getaucht, / sind mir aufgegangen.« Bei Reiner Kunze, der im frostigen Erzgebirge aufgewachsen ist, blühten sie gelb, wenn das Postauto vorm Fenster parkte. Doch ich kannte weder Krolow noch Kunze, die beide das physikalische Phänomen mit Dichterworten priesen. Für mich war es schlicht ein Wunder, und ich mußte an Kai, Gerda und die Schneekönigin denken.

Eisblumen, habe ich später im Physikunterricht gelernt, bilden sich, sobald die Temperatur an der Innenseite der Scheibe auf ein bis zwei Grad unter den Gefrierpunkt sinkt. Bei strengem Frost entfalteten sie ihre kalte Pracht auch in Großmutters Küche. Frühmorgens, wenn der Herd angeheizt wurde, waren die Fensterscheiben vereist, und wir hauchten und rieben Gucklöcher nach draußen. Das Küchenfenster war nur einfach verglast, und an manchen Stellen bröckelte der Kitt. Decken und Papierstreifen verhinderten im Winter, daß der Wind durch die Ritzen pfiff. Trotzdem fror die Wasserleitung ein, und im Hausflur dampfte der Atem. Keine Lust auf den Gang zum Gartenklo ... – Wo sind sie hin, die Freuden des Frostes? Es gibt keine Eisblumen mehr. »Leben leicht und ohne Not / wie die Sommerfalter. / Leise ist ihr Blumentod, / schnell und ohne Alter«, reimte Krolow. Doppelfenster und Isolierglas lassen sie nicht wieder auferstehen.

Eisblumen, die: *bizarre Kristallgebilde, die bei der Vereisung von Wasserdampf an Fensterscheiben entstehen*

Hörst du, wie ich leide?

»Keiner liebt dich so wie ich ...!« Sag es, doch sag es nicht direkt. Sag es durch die Blume. Sag es mit Musik. Sag es durch die Kassette. Wann begann eigentlich der Höhenflug der Tonbandkassette, im Westen auch gern *Tape* genannt, als klingender Botschafterin der Liebe? Die Tonbandkassette, Jahrgang 1963, ist mittlerweile in die Jahre gekommen und wird nur noch selten abgespielt.

Das in seinem Plastegehäuse von Zahnrädern und Spulen gezogene hauchdünne Magnetband diente wohl ursprünglich dem Zweck, Musik aus dem Radio aufzunehmen, und im Unterschied zur Schallplatte bot die Kassette Möglichkeiten zur individuellen Gestaltung. Man konnte auf ihr nicht nur seine eigene Hitparade zusammenstellen, sondern mit ihr auch musikalische Grüße verschicken – das war eine moderne Form des Minnesanges: Der Absender schmückte sich mit fremden Stimmen, wählte Titel und Interpreten aus, überspielte, kombinierte, arrangierte, schaffte Harmonie und baute raffinierte Brüche ein.

Nehmen wir an, *er* mixte ein Tape für *sie*. Natürlich wollte er sie damit berühren, für sich gewinnen und an sich binden. Hexen wäre leichter gewesen. Doch beglückte er beim Mixen auch sich selbst. Es waren *seine* Lieblingslieder, die er ihr nahebringen wollte, und *seine* Gefühle, die er damit verband. Wenn er vor Ungeduld nicht den Kopf verlor, kopierte er die Kassette, bevor er sie abschickte. So konnte er der fernen Liebsten im Auto, im Garten, im Bett jederzeit nahe sein und sich vorstellen, wie sie seine Botschaft von der Bandschleife aufnahm: Denkst du an mich? Spürst du meine Sehnsucht? Hörst du, wie ich leide?

Selbstverständlich brauchten Mixtapes Namen. »Geburtstagskassette«, »Genesungskassette« oder »Musik fürs neue Auto« klang zu unverbindlich. Besser waren poetische Anleihen wie »Liebeslager«, »Septembersongs« oder »Eine kleine Bettmusik«. »Love Letters«, »Selbstporträt« oder »Annas Sommer« suggerierten Geheimnisvolles. Auf Bekenntnisse wie »Dein ist mein ganzes Herz« oder »Nothing Compares To You« verzichtete man besser. Lieber schmeichelte er ihr ironisch: »Ich kann mich nicht erinnern, warum ich grad bei dir hängengeblieben bin ...« Durchhaltevermögen (»Lover, Lover, Lover«) und Aktionismus (»Geh zu ihr und laß deinen Drachen steigen«) verfehlten ihre Wirkung nicht. Filmmusik kam besonders gut an, wenn beide den Streifen gesehen hatten. Und beim Mixen mußte man stets an die richtige Reihenfolge denken – zuerst die traurigen, dann die hoffnungsvolleren Lieder, die zuversichtlichen zum Schluß. Der erste Titel sollte Sehnsucht wecken und der letzte möglichst lange nachklingen. Auf keinen Fall durfte der Schlußsong mittendrin abbrechen. Und nicht zu vergessen, es gab neben der A- noch eine B-Seite, also durfte man nicht gleich alles Pulver auf einmal verschießen!

Warum – diese Frage stellt sich heute – setzte er überhaupt seine ganze Hoffnung auf die Audiokassette und schickte ihr keine selbstgebrannte CD? Weil zu befürchten war, daß sie auf der CD das, worauf es ihm ankam, überspringen könnte. Die Kassette ließ sich nur hin und her spulen, was sehr umständlich war; also würde sie nichts auslassen und seine Botschaft bis zum Ende erhören. Apropos Ende: Noch ahnt niemand, woran CDs und DVDs einmal zugrunde gehen werden. Computer leiden unter Viren und Würmern. Das Leiden der Tonbandkassette ist der Bandsalat. Beginnt die Musik zu leiern, sollte man unverzüglich handeln. Doch anstatt die Kassette herauszunehmen, das auslaufende Band zu glätten und mit dem Fingernagel wieder aufzuspulen, überläßt der Verliebte sich dem leiernden Leiden.

Tonbandkassette, die: *aus einem Plastegehäuse, zwei Spulen, einer Federvorrichtung u. mehreren hundert Metern Magnetband bestehendes Speichersystem für Musik u. Sprache*

Sparbüchse vorm Bauch

»Noch jemand ohne Fahrschein ...?« Lange habe ich sie vor mir hergeschoben, die kleine, schwenkbare Kasse, die der Straßenbahn- und Omnibusschaffner am Leibe trug. Jetzt ist sie an der Reihe. Auch wenn sie seit Jahrzehnten im öffentlichen Nahverkehr nicht mehr benutzt wird, muß ich die Schaffnertasche nicht auf meine Liste setzen. Ich habe sie unverhofft wiedergetroffen, neben der Flurgarderobe einer Berliner Bekannten hat sie ihren Ehrenplatz an der Wand.

Die Tasche war das heimliche Objekt meiner Begierde. So oft ich als Kind mit der Straßenbahn fuhr, immer hielt ich mich in der Nähe des Schaffners auf. Seine Uniform, oder genauer gesagt: die Kasse, zog mich magisch an. War es noch Spieltrieb oder schon die Erotik des Geldes? Die Schaffnertasche hatte ein ledernes Maul für die Scheine und mehrere nebeneinander angeordnete Blechröhrchen für das Kleingeld. Oben warf der Schaffner die Münzen ein, und unten zapfte er sie wieder ab. Er brauchte nur mit dem Zeigefinger auf die entsprechenden Hebelchen zu tippen, und das Wechselgeld klimperte ihm in die hohle Hand. Es sah aus, als würde er seine Sparbüchse melken. Durch senkrechte Schlitze in den Blechröhrchen konnte ich sehen, wieviel drin war.

»Du kannst sie ruhig anfassen«, sagt meine Bekannte. Ich stehe vor ihrer Garderobe und starre gedankenverloren zur Tasche hinauf. Ich weiß nicht, wie lange schon. Wahrscheinlich denkt die Frau, ich bete sie an. Meine Bekannte heißt Kirsten, und die Schaffnertasche ist ein Erbstück ihrer Mutter, die 1959 für ein Jahr als Straßenbahnschaffnerin im Stadtbezirk Berlin-Friedrichshain gearbeitet hatte, ehe sie sich zur Triebwagenführerin qualifizierte.

Die Schaffnerinnentochter nimmt das Relikt für mich vom Nagel, und zum ersten Mal berühren meine Finger Leib und Hülle der Tragekasse. Ich lasse mich mit ihr auf der Wohnzimmercouch nieder. Die Schaffnertasche ist viel kleiner als in meiner Erinnerung und leicht gewölbt. Ihr Gewicht ist auch ohne Münzen beträchtlich. Das Leder, mit dem sie sich an Bauch und Hüfte der Schaffnerin rieb, glänzt speckig. Alle Teile sind sorgfältig genietet, selbst der Trageriemen, der sehr kurz eingestellt ist. Die Hebelchen, sehe ich, werden durch Spiralfedern gespannt. Auf Knopfdruck gibt das Ledermaul sein Innenleben preis.

Meine Bekannte schlägt die Beine übereinander und schaut mir irritiert zu. »Wieso besteht die Handkasse nur aus vier Röhrchen?« murmele ich. »Eins für die Fünfer, eins für die Groschen, eins für die Fuffziger, eins für die Markstücken ... Und die Pfennige? Wohin gehörten die Pfennige? Wer den Pfennig nicht ehrt, ist den Groschen nicht wert! War das schmalste Röhrchen etwa für die Pfennige, und der Schaffner nahm keine Fünfer? Oder wurden die Mark- und Zweimarkstücken in einem der Lederfächer gesammelt?« Kirsten zuckt die Schultern. »Willst du einen Kaffee? Oder lieber einen Cognac?«

Ich versuche dem Rätsel auf den Grund zu gehen, indem ich die Röhrchen mit Münzen fülle. Leider habe ich keine Pfennige, nur Cents. Und natürlich besitze ich auch kein Markstück mehr, nur noch Euro. Die Cents passen überall hinein, fallen auf Hebeldruck unten wieder heraus. Nicht so der Euro. Ist der Euro etwa breiter als die DDR-Mark? Er paßt in das breiteste Röhrchen und rutscht nach unten, doch er kommt nicht wieder heraus. Da hilft kein Rütteln und Schütteln. Als ich die Tasche umkippe, legen sich winzige Metallklappen vor die Einwurfschlitze, eine Art Ausschüttsperre.

»Ja dann«, sagt meine Bekannte pikiert, vielleicht auch ein wenig enttäuscht, weil ich mich so innig mit ihrer Tasche beschäftige, und läßt uns allein. Kirsten hat übrigens schöne, lange rote Haare.

Schaffnertasche, die: *kleine Kasse zum Umhängen, die von Straßen-bahn- u. Omnibusschaffnern getragen wird*

Milchkur für Shia

Einige Leser möchten gern den Milchbeschwörer, auch *Klapperstein* oder *Bibberfritz* genannt, auf der Liste der vom Aussterben bedrohten Gegenstände sehen. »Dieser kleine Porzellanteller hatte drei oder vier konzentrische Rillen und war beim Erwärmen von Milch unentbehrlich«, schreibt Herr Horst S. aus Leinefelde. Und Frau Doktor Ilsabe S. aus Erfurt schildert, wie er funktionierte: »Man legt ihn auf den Boden des Topfes, gießt die Milch darüber und stellt den Topf auf die Kochstelle. Unter den Rillen sammeln sich die Gasblasen der erwärmten Milch; ist die Kraft groß genug, heben sie den Stein an, ohne die Milch schäumen zu lassen. Der Stein steigt und sinkt, zunächst in Abständen, dann immer heftiger bis zum kontinuierlichen Klappern. Das ist der Zeitpunkt, wenn die Milch kocht und der Topf vom Herd gezogen werden sollte.«

Danke, liebe Klappersteinbeschwörer, ich kannte den Bibberfritzen noch nicht. Bevor der doppelwandige, pfeifende Simmertopf in Gebrauch kam, hat meine Mutter die Milch ohne Voodoozauber erhitzt und regelmäßig überschäumen lassen. Mit Schaudern erinnere ich mich an den Geruch der verbrannten Milch, und das ist nur *ein* Grund, weshalb ich mich bis heute sträube, vom Milchladen zu erzählen. Ein anderer: Auch abgekochte Milch ist mir zuwider – wegen der Haut!

Trotzdem mußte ich sie jeden Morgen trinken. Und ich durfte sie auch noch selber holen. Meine Mutter gab mir Geld. »Bis gleich, Shia«, sagte ich zu unserem Chow-Chow. Ich nahm die Milchkanne, verließ die Wohnung und rutschte das Treppen-

geländer runter. Der Milchladen befand sich im selben Häuser-
block, nur um die Ecke. Schon wenn man eintrat, schlug einem
ein süßlicher Geruch entgegen. »Bitte einen Liter«, sagte ich tapfer. Die Milchfrau mit der weißen Igelittschürze tauchte zweimal
das Halblitermaß in die große Kuhmilchkanne
und blickte mich besorgt an. »Junge, warum
hältst du dir die Nase zu?«

Meine Mutter goß die Milch in einen
Topf und kochte sie sofort ab,
wegen der Keime und da-
mit sie keinen Stich bekam.
Kurze Zeit später hörte man
es auf dem Küchenherd
zischen. »O Gott!« fluchte
Mutter und drehte das
Gas ab. Dann stellte sie
mir die dampfende Tasse
auf den Tisch.

»Hab dich nicht so«, hieß es, wenn ich angewidert das Gesicht verzog. Milch sei gesund, sie enthalte neben wertvollen
Vitaminen auch Eisen und fördere das Wachstum. Natürlich
wollte ich groß und stark werden.

»Dann trink deine Milch!«

Als niemand hinsah, tunkte ich den Finger in die Tasse,
fischte die Haut ab und schmierte sie an den Tellerrand. Übel-
keit stieg in mir hoch. Nach einer Weile blickte mein Vater von
der Zeitung auf und stellte fest, daß ich noch keinen Schluck
getrunken hatte. In meinem Alter habe er jeden Morgen einen
halben Liter Ziegenmilch getrunken, warm aus dem Melkeimer,
bekam ich zu hören.

Vater war groß, doch nicht sonderlich stark, ein Schreibtischriese. Aber er hatte ein tadelloses Gebiß. Mutter hatte schlechte Zähne, sie besaß noch ihr Milchgebiß. Während des Krieges war sie mit ihren Eltern und Geschwistern in Leipzig ausgebombt worden; sie hatte selten Frischmilch bekommen.

»Trink endlich«, mahnte meine Mutter und schlürfte ihren Bohnenkaffee.

Ich roch die warme Milch und mußte aufstoßen, woraufhin Vater die Hand ausrutschte, daß die Tasse wackelte. »Reiß dich zusammen! Du bleibst so lange sitzen, bis du ausgetrunken hast!«

Endlich standen die Eltern vom Frühstückstisch auf. Vater verschwand wortlos in sein Arbeitszimmer, Mutter drehte sich um und begann den Herd zu scheuern. Das war der Moment, die inzwischen abgekühlte Milch schnell und unauffällig verschwinden zu lassen. »Shia«, rief ich leise. Der Chow-Chow lauerte unterm Tisch. Ich stellte meine Tasse auf den Fußboden, und die Hündin schleckte sie leer. Dankbar wischte ich ihr den Milchbart von der Schnauze.

Milchladen, der: *Geschäft, in dem vom Bauern od. von einer Molkerei gelieferte Frischmilch ausgeschenkt wird*

Milchkanne, die: *Aluminiumbehältnis mit Deckel u. hölzernem Tragegriff zum Milchholen*

Milchbeschwörer, der: *kleine, gerillte Porzellanscheibe, die klappernd vor dem Aufschäumen der Milch warnt*

Danke, Spiritus rector!

Mein erster Kopierer hieß Lisa und war zweiundachtzig Jahre alt. Tante Lisa hatte ihr ganzes Leben als Sekretärin gearbeitet, und da es im Rentenalter für sie nur noch Kreuzworträtsel zu lösen gab, bot sie mir ihre Schreibdienste an. Ich war froh, jemanden gefunden zu haben, der mir meine Diplomarbeit abtippte. Ich fuhr zu ihr und legte ein Päckchen Rondo-Kaffeebohnen sowie drei Schachteln der Damenzigarettenmarke Duett auf den Tisch. »Wie viele Durchschläge?« fragte die Tante. Ihr Blick hing am Fernseher, es lief der Montagabendfilm. »Drei«, sagte ich, »dürften genügen.« Ob ich wüßte, daß sie schon die Doktorarbeit für meinen Vater abgetippt habe, fragte Tante Lisa. Das war dreißig Jahre her. Sie zündete sich eine Zigarette an und blätterte in meinem Manuskript von knapp neunzig Seiten. Ich solle Sonntag wiederkommen, dann sei alles fertig.

Am Sonntag war die Arbeit abgetippt, doch auf einigen Seiten wimmelte es von Fehlern. Man sah, wo die Konzentration nachgelassen und der Fernsehabend begonnen hatte. Ich machte mich an die Korrekturen. Wenn ein Buchstabe fehlte, fügte ich ihn mit Kugelschreiber ein. War ein Wort doppelt getippt, strich ich das überflüssige sorgsam aus. Komplizierter waren die Namensänderungen. Meine Tante hatte ihr unbekannte Namen durch solche ersetzt, die ihr geläufig waren. Wie ließ sich, ohne daß es auffiel, aus Matthias Claudius wieder Eduard Claudius machen? Aus Hans Moser Hans Marchwitza, aus Liselotte Pulver Liselotte Welskopf-Henrich? Und aus Willi Schwabe wieder Willi Stoph? Immanuel Kant hatte die Tante erst in Hermann Kant, dann in Uwe Kant geändert. Am Ende hieß er Lutz Kantian, wie ihr Nachbar. Ich besprach das Malheur mit meinem Professor, der aus Zeitgründen die Korrekturen akzeptierte, mir jedoch ans Herz legte, wenn es soweit wäre, meine Doktorarbeit von einer jüngeren Schreibkraft abtippen und in der Universität vervielfältigen zu lassen. Man benötige bis zu dreißig Exemplare.

Mit einem Stapel Wachsmatrizen, die an einer Seite von blauem Pauspapier bedeckt waren, suchte ich zwei Jahre später eine mir empfohlene Schreibkraft auf. Sie hieß Olga und war Anfang Vierzig. Leider hätte sie schon zu viele Aufträge angenommen, bedauerte Olga und ließ den Kasten Pralinen, den ich im Delikat-Geschäft gekauft hatte, im Schreibtisch verschwinden. Nach einer Flasche Krimsekt kam sie mir entgegen. Versprechen könne sie zwar nichts, doch sie wolle sehen, was sich machen ließe. Bis zum Wochenende waren die ersten drei Kapitel abgetippt – fehlerfrei! –, und ich schob eine Tüte *Mokka Fix* und eine Flasche Wodka nach, die wir sogleich verkosteten. Als ich das Blaupapier auf der Rückseite der Matrize anhob, fuhr mir der Schreck in die Glieder: Die Schrift war spiegelverkehrt! Dies sei doch die Druckvorlage, sagte Olga lächelnd und füllte unsere Gläser erneut. Vier Wochen und drei Flaschen Wodka später war die Dissertation samt Thesen abgeschrieben.

Hätte ich geahnt, daß ich selber würde kurbeln müssen, ich hätte mich kürzer gefaßt! Dreißig Exemplare à 160 Seiten, das waren 4800 Umdrehungen, Fehlversuche, bei denen das Papier verrutschte oder die Schrift verschmierte, nicht mitgerechnet. Pro Seite eine volle Kurbeldrehung und dazu eine Schwungbewegung, um das nächste Blatt einzuziehen; schon nach einer Stunde spürte ich meinen Arm nicht mehr, und meine Hände stanken nach Spiritus. Warum funktionierte der Ormig-Apparat nicht auf Wodka-Basis, so wie meine russisch-stämmige Schreibkraft? Die Dämpfe, die ich beim Kurbeln ein-atmete, waren leicht toxisch, zum Ausgleich bekam ich einen halben Liter Milch. Trotzdem tanzte, als ich endlich fertig war, die Schrift vor meinen Augen: blasse, tintige Buchstaben, die nach dem zehnten oder fünfzehnten Abzug die Schwindsucht bekamen. Mein Spiritus rector nahm die Arbeit an und stimmte in der Kommission für ein summa cum laude.

Vervielfältigungsapparat, der: mechanisches Gerät zum Abziehen von Schriftvorlagen von einer durch Blaupause eingefärbten Wachs-matrize

165

Sofakino

Wo ist sie hin, die Magie, die von einer simplen Lichtquelle und einem weißen Laken, das vor den Stubenschrank gehängt und mit der Uhr sowie zwei Bücherstapeln beschwert wurde, ausging? Wir saßen nebeneinander auf dem Sofa und starrten auf die Bilder, die die Kinowelt bedeuteten – eine bezaubernde, wenngleich leicht wellige Welt, durch die sich wie ein Riß die Bügelfalte des Bettuchs zog. Ein Ungeheuer brach aus dem Gestrüpp im verwunschenen Schloßgarten, während mein Vater im Schein der Projektionslampe vom Zettel ablas: »Wovon soll ich satt sein? Ich sprang nur über Gräbelein und fand kein einzig Blättelein: Meh! Meh!«

»Aber das ist doch gar nicht *Tischchen deck dich*, sondern *Die feuerrote Blume*!« protestierte ich.

»Macht mal das große Licht an«, forderte die Stimme meines Vaters. Sofort verblaßten die Blumen, und die funkelnden Augen des Untiers erloschen. Auf dem Tisch verstreut lagen kleine, bedruckte Pappwürfel, deren Deckel nacheinander gelüftet wurden. Filmröllchen und Faltblätter fielen heraus. Jemand hätte den Text vertauscht, behauptete mein Vater, der sich als Filmvorführer wieder schlecht vorbereitet hatte.

Die Panne war rasch behoben. Standbild folgte nun auf Standbild, und die Verse kannten wir ohnehin auswendig. An einem Abend wurden bis zu zehn Diastreifen, *Imago Strahlbildbänder 24 mal 36 Millimeter*, durch den Apparat gezogen: die bekanntesten Märchen der Brüder Grimm und von Hans Christian Andersen sowie Alltagsabenteuer aus dem Bärenleben –

Teddy in der Schule, auf Schlittenfahrt, im Straßenverkehr. Als Projektionsgerät diente ein Kleinbildwerfer vom Typ *Pouva Magica*, der mit seinem halbrunden schwarzen Plastegehäuse und langen nasenartigen Objektiv an Pinocchio erinnerte. Das Stromkabel ragte ihm oben aus dem Kopf, und die Nase, an der die beiden Filmspulen befestigt wurden, ließ sich beim Scharfstellen noch weiter verlängern sowie je nach Bildformat vertikal und senkrecht drehen und zum Einlegen des Films nach unten abklappen. Als Lichtquelle genügte Pinocchio eine Glühlampe von hundert Watt.

Jahre später sorgte ich mit meiner Schmalfilmkamera dafür, daß die Bilder im Sofakino laufen lernten. Manchmal schlurften sie, manchmal begannen sie während der Vorführung zu rennen, so daß die Begleitmusik, die von einem Spulentonband kam, nie ganz synchron mitlief – laute Musik war notwendig, um den Schmalfilmprojektor zu übertönen, dessen Motor einen Höllenlärm erzeugte.

Sobald der entwickelte Filmstreifen in einer Papiertüte aus dem DEFA-Kopierwerk zurückkehrte, wurde er geschnitten und neu zusammengeklebt. Ich hatte eine Schnittechnik entwickelt, mit der ich sogar Titel- und Trickaufnahmen improvisierte. Leider fand ich kein Mittel gegen den Filmriß. Die Klebestellen hielten nur eine bestimmte Zeit, was am *Filmkitt* lag, der stark roch, aber nur schwach klebte. Zwei, drei Filmrisse pro Rolle waren die Regel. Während der Vorführung behielt ich eine Hand am Lichtschalter. Mußte es schnell weitergehen, spulte ich die losen Enden einfach auf; war keine Eile geboten, spannte ich sie während der Filmrißpause in die Klebepresse ein. Nach zwei, drei Minuten ging es weiter. Der Film riß immer wieder an derselben Stelle. Da vor dem Kleben jedesmal einige Bilder weggeschnitten wurden, schrumpfte die Szene mit

167

der Zeit, bis schließlich nur noch eine einzelne Sequenz von ihr übrig war.

Den Filmriß gab es übrigens auch im richtigen Kino, was entweder an den schlechten Kopien oder an der veralteten Gerätetechnik lag. Riß der Film während einer Bettszene mit Claudia Cardinale, konnte es im Saal zu Tumulten kommen. Erbost reagierte das Publikum auch auf Unterbrechungen bei Filmen mit Jane Fonda. Ich erinnere mich an eine Vorstellung von »Cat Ballou«, während der immer wieder für längere Zeit das Licht anging. In der dritten Zwangspause riß den Zuschauern der Geduldsfaden, und der Filmvorführer mußte nach der Vorstellung unter Polizeischutz nach Hause gebracht werden. Einige der aufgebrachten Kinogänger wollten den Untertitel des Streifens, »Hängen sollst du in Wyoming«, wörtlich nehmen.

Kleinbildwerfer, der: *mit einer Glühlampe betriebenes Projektionsgerät, durch das Bild für Bild eine Filmrolle mit Schwarzweiß- oder Farb-Positiven gezogen wird*
Schmalfilmkamera, die: *für Hobbyfilmer erschwingliche, von Batterie oder Federwerk angetriebene Acht-Millimeter-Filmkamera*
Filmriß, der: *Panne beim Abspielen von aufgespultem Filmmaterial, im übertragenen Sinne auch für Gedächtnislücke*

Wenn der Schwan rollt

Immer wenn ich den »Schwanenkönig« von Karat höre, taucht vor mir unser alter Korbkinderwagen wieder auf. Wahrscheinlich entsprangen beide, die Popschnulze und der rollende Schwan, einer romantischen Verklärung. Der Kinderwagen, Baujahr 1957, ähnelte dem Requisit aus einer Wagner-Oper. Er hatte einen runden, dickwandigen Bauch, ein rundes Verdeck und duckte sich auf seinen kleinen Vollgummirädern, als würde er brüten. Alles an ihm war geschwungen, sogar der Bügel der Fußbremse, besonders aber die Schiebestange aus Messing mit breitem Emaillegriff, die wie ein Schwanz wippte. In unserem Familienfotoalbum existieren mindestens zwanzig Aufnahmen von dem Gefährt. Keine einzige ist scharf. Man ahnt, daß ich es bin, der im Kinderwagen liegt. Um jeden Irrtum auszuschließen, hat meine Mutter mit weißer Tinte meinen Namen sowie

das jeweilige Alter und Gewicht daneben geschrieben: »3 Wochen – 4630 g; 6 Wochen – 5650 g; 8 Wochen – 6560 g« und so weiter. In der neunten Woche fehlt die Gewichtsangabe, vielleicht hatte ich nicht zugenommen. Mit fünf Monaten (neun Kilo) blicke ich jedoch pausbäckig und schon ziemlich selbstbewußt aus meinem Wagen, der auf dem Wäscheplatz vor unserem Mietshaus in Halle steht. Das Sonnenverdeck ist abgenommen – es war ein Cabriolet.

Der Luxuswagen hatte 350 DDR-Mark gekostet, und an seiner Beschaffung waren mehrere Leute beteiligt gewesen. Es war Liebe auf den ersten Blick. Meine hochschwangere Mutter hatte die Landluft in M. genossen, doch keine Ruhe mehr gefunden, seit sie den schicken Korbkinderwagen bei einer Nachbarin sah, die Besuch aus Zeitz hatte. Im Bitterfelder Fahrradgeschäft, wo meine Großmutter sofort nachfragte, führte man dieses Modell nicht, und in Leipzig, wo die Familienangehörigen meiner Mutter sämtliche Kaufhäuser nach dem Korbkinderwagen abklapperten, war er nicht mehr vorrätig. Zum Glück entdeckte mein Vater den Wagen in Halle im Schaufenster eines Kindergeschäfts. Er leistete eine Anzahlung und durfte das Vorzeigestück nach dem nächsten Dekorationswechsel, der vier Tage vor meiner Geburt erfolgte, abholen.

Schon auf der Jungfernfahrt gab es Probleme. Die Hersteller hatten an alles, nur nicht an den Omnibus gedacht: Der Korbkinderwagen paßte nicht durch die Bustür. Man mußte ihn in den Anhänger heben, dessen Tür etwas breiter war. Viele, doch längst nicht alle Omnibusse verkehrten damals mit Hängern, und auch dort hatte in der Regel nur ein Kinderwagen Platz, so daß die busfahrenden Mütter oftmals untereinander in Streit gerieten. Mit einem leeren Kinderwagen hätte mein Vater erst recht keine Chance gehabt. Also fuhr er im Gepäckabteil des

Zuges und stieg schon eine Station vor Bitterfeld aus. Vom Bahnhof Muldenstein rollte er den Korbkinderwagen über die Dörfer nach M., wo das Schmuckstück dann im Waschhaus meiner Ankunft harrte.

So wurde ich in eine Kinderwagenkindheit de luxe hinein-geboren. Im Korbkinderwagen lag ich warm, sicher und bequem und hatte genügend Platz zum Strampeln. Nur mit der Fede-rung haperte es, besonders wenn der Wagen über Kopfstein-pflaster huckelte. Schob meine Mutter mich am Saaleufer ent-lang, spürte ich die Welt an mir vorübergleiten. Die Welt? Ich sah das geflochtene Korbdach, den Mantel, die Brille und die Dauerwelle meiner Mutter. Die letzte Korbkinderwagenauf-nahme zeigt mich sitzend mit Schirmmütze und überkreuzten Stoffhosenträgern beim Schwänefüttern. Meine Mutter hat die Altersangabe weggelassen und nur noch mein Gewicht ver-merkt: 18,3 Kilo. Vermutlich konnte ich längst laufen.

»Wenn ein Schwan singt, lauschen die Tiere«, singt Karat und: »Es ist ein Schwanenkönig, der in Liebe stirbt.« Mein Korb-kinderwagen ist sang- und klanglos auf dem Dachboden ver-staubt.

Korbkinderwagen, der: *formschöner vierrädriger Wagen zum Schie-ben mit geflochtenen Wänden u. von beträchtlichem Gewicht, in dem ein Säugling od. Kleinkind ausgefahren wird*

Gebügeltes Fähnlein

Das Taschentuch war ein gesäumtes Stück Stoff, das zusammengelegt in der Hosen-, Jacken-, Mantel- oder Handtasche Platz fand. Es bürgte für Reinlichkeit und gute Sitten. Schon deshalb mußte man ständig eines bei sich haben. Herrentaschentücher waren rechteckig, kariert oder am Rand gestreift; auseinandergefaltet erreichten sie Geschirrtuchgröße. Es gab auch kleinere, einfarbige, die als Dreieck aus der Reverstasche spitzten und Vornehmheit verbreiteten. Damentaschentücher hingegen waren zierlich, quadratisch und von optischem Liebreiz: weiß bis pastellfarben, mit Spitze veredelt sowie mit Blümchen und Initialen bestickt. Über eine individuelle Duftnote entfalteten sie verführerische Kräfte. Das heute gebräuchliche Taschentuch aus Zellstoff – das seinen Namen nicht verdient, denn korrekterweise müßte es *Taschenpapier* heißen – verströmt allenfalls einen Phenol- oder Eau-de-Cologne-Einheitsgeruch und hat auch alle übrigen Eigenheiten aufgesaugt.

Als Kind war mir das Taschentuch lästig. Der Rotz ließ sich bequemer mit dem Hemdsärmel wegwischen, oder man drückte mit dem Zeigefinger ein Nasenloch zu und schnaubte lässig durch das andere aus, wie die Fußballprofis. Statt dessen permanente Ermahnungen: »Zieh nicht hoch! Putz dir die Nase! Halt beim Husten die Hand vor den Mund! Wisch dir den Mund ab! Natürlich mit dem Taschentuch ...« Wenn ich erkältet war, hatte mein Taschentuch dunkle Flecken, da ich vom vielen Naseputzen Nasenbluten bekam. Erst später erkannte ich, wie nützlich solch ein Stück Stoff sein konnte. In peinlichen

Momenten ließ sich das Gesicht darin verbergen. Und man konnte einen Knoten ins Taschentuch machen, um sich an etwas Wichtiges zu erinnern, wie der König in Georg Büchners Lustspiel »Leonce und Lena«. »Ha, was bedeutet der Knopf im Schnupftuch?« fragt sich der infantile Herrscher, und später fällt es ihm wieder ein: »Ja, das ist's, das ist's: Ich wollte mich an mein Volk erinnern.«

Ich vergaß wiederholt meinen Zahnarzttermin, und als nur noch die Zange half, knetete ich das Taschentuch krampfhaft zwischen den Fingern. Auch als Handtuch, Putzlappen, Kopfbedeckung und Wadenwickel eignete es sich. Im Notfall ließ sich damit sogar eine verletzte Schlagader abbinden oder, wenn ein passender Knüppel zur Hand war, ein Knochenbruch schienen. Nur wegwerfen durfte man das Taschentuch nicht, denn es bestand aus hundert Prozent Baumwolle und manchmal auch aus Seide oder Batist. Nach häufiger Benutzung verwandelte es sich in eine *Rotzfahne*, die einen unappetitlichen Anblick bot und erst durch eine Wäsche in den Stand der Reinheit zurückversetzt wurde.

Witzemacher zerrissen sich gern das Maul. Frage: »Wo sterben die meisten Kinder?« Antwort: »Im Taschentuch.« Tempotaschentücher haben dem Masturbieren kein Ende gesetzt, im Gegenteil, als billige Einwegutensilien leisten sie der Verschwendung Vorschub; sie werden paketweise gekauft – *Softies 15x10, 10x4 Lagen* – und bündelweise herumgetragen. Aufreißen, auseinanderfalten, wegwerfen! Angerissene Zellophanpäckchen verführen dazu, ihren Inhalt über die ganze Wohnung zu verstreuen, während das wiederverwendbare Stofftaschentuch auf penibler Ordnung bestand. Es beanspruchte im Kleiderschrank ein eigenes Schubfach oder teilte sich eines mit den Socken und der Unterwäsche, und es lag stets auf Kante. Damit die Kanten lange sichtbar blieben, hat meine Mutter die Taschentücher nach der Wäsche beim Zusammenlegen gebügelt.

Ändern sich mit dem Verschwinden des Taschentuchs auch die Rituale des Abschiednehmens? Oder ist das Taschentuch verschwunden, weil es beim Scheiden keine Rolle mehr spielt? »Denjenigen, die kein Schnupftuch bei sich haben«, heißt es bei Büchner, »ist das Weinen anstandshalber untersagt.« Wer läuft schon noch mit gezücktem Fähnlein neben einem abfahrenden Zug her oder winkt einem auslaufenden Dampfer nach? Wurde jemals auf dem Airport mit einem Schnupftuch gewedelt? Auto, Bahn und Flugzeug lassen die Distanzen schwinden, Handy und Internet gaukeln immerwährende Nähe vor. Trennungen werden kürzer, häufiger, alltäglicher. Der Verreisende ist oft schneller wieder daheim als gedacht. Trotz alledem werden Abschiede nicht leichter.

Taschentuch, das: *universell u. wieder verwendbares, zusammengefaltetes Stück Stoff von handlicher Größe, das in jede Art von Tasche paßt*

Zeitbombe am Bett

Jahrzehntelang war er das Objekt meines morgendlichen Has-
ses. Er hat mich aus tiefem Schlummer und süßen Träumen ge-
rissen. Sein schrillendes, hämmerndes Signal ist in der Wirkung
nur mit dem langgezogenen Pfiff des UvD, des Unteroffiziers
vom Dienst, in der Kaserne zu vergleichen. Ich kann bis heute
nicht glauben, daß es Schläfer geben soll, die aus Furcht, sein
Klingeln zu überhören, den Wecker auf eine Untertasse stellen.
Klingeln? Ein Wecker klingelt nicht, er rasselt! Und ein auf der
Untertasse rasselnder, hüpfender Wecker tötet die Lebenden
und weckt Tote wieder auf.

Ich rede hier nicht von melodischen Quartz- und summen-
den Funkuhren, sondern von meinem proletarischen Wecker
mit traditionellem Federantrieb. Der Kumpel war grün und
rund, ruhte auf zwei Beinen und seinem Hinterteil und hatte
zwei Glocken auf dem Buckel, zwischen denen der Klöppel aus
dem Gehäuse ragte. Das Klöppelchen – was für ein winziges,
unschuldig dreinschauendes Teil! Man sah dem Wecker die
Grausamkeit nicht an. Dabei war er eine Bombe mit Zeitzün-
der, die man am Abend auch noch eigenhändig scharf machte
und die einem am Morgen den Schädel sprengte. Man muß
schon Bohumil Hrabal heißen und ein Dichter sein, um dem
Wecker etwas Erotisches abzugewinnen. »Schon im voraus«,
schreibt Hrabal, »kenne ich die erste mechanische Bewegung
meiner Hand zum Wecker, ich greife ihm verschlafen zwischen
die Beine, um das Klingeln seiner Nickelhoden zu stoppen ...«
Moment, steht bei Hrabal die Welt am Morgen kopf oder trägt

sein Schwejkscher Wecker tatsächlich die Glocken zwischen den Beinen?

Was die Eingriffe betrifft, stimme ich Hrabal zu. Es gab eine Chance, das Gerassel zu unterbinden. Dazu mußte man mit dem Finger jenes Hebelchen treffen, dessen Funktion es war, das rasende Klöppelchen zu stoppen und festzuklemmen. Schaffte man es nicht, weil man entweder schlaftrunken oder die Schraube zu locker war, blieb noch die Flucht nach vorn: Schnell den Klingelzeiger ein Stück weiter drehen, und man war aus der Alarmzone. Welch eine Stille! Ermattet von der gewonnenen Schlacht, sank man aufs Kissen zurück und schlief wieder ein ... Freilich drohte auch dann ein böses Erwachen, wenn man vergessen hatte, das Uhrwerk am Abend aufzuziehen. Irgendwann in der Nacht blieben die Zeiger stehen. Oder man hatte nur das Uhrwerk aufgezogen, nicht jedoch die Glocke, so daß das Klöppelchen zur Weckzeit, statt zu rasen, nur einmal lustlos zuckte.

Im nachhinein bin ich geneigt, meinem Wecker zu verzeihen. Er tat nur das Nötige und hatte durchaus auch gute Eigenschaften. Ich mochte sein Schnarren beim Aufziehen. Ich liebte das Phosphorgrün seiner Zeiger und Ziffern, die ich vorm Schlafengehen unter die Lampe hielt, damit sie noch eine Weile im Dunkeln leuchteten. Funkuhren bleiben niemals stehen, sie gehen immer exakt und wechseln selbständig zwischen Sommer- und Winterzeit. Sie zeigen das Datum und sogar die Raumtemperatur an. Doch sie sind ferngesteuert, ticken nicht, hacken nicht die Sekunden. Mechanische Uhren besitzen eine Unruhe und sind auf unerklärliche Weise mit uns Menschen verbunden. Wenn eine Explosion das Haus verwüstet, erstarren sie vor Schreck, und ihre Zeiger bleiben genau in jenem Moment stehen, da der Besitzer seine Seele aushaucht. Gleicht der Kreis des Ziffernblatts nicht unserem Lebenskreis? Und spenden die Zeiger, indem sie gleichmütig ihre Runden ziehen, nicht auch Trost? Jeden Augenblick kann unfaßbares Glück über uns hereinbrechen, oder ein Unglück wirft uns aus der Bahn. Tick weiter, Wahnsinnswecker! Nur in den Wonnestunden laß ich mir nicht die Sekunden vorzählen, da muß er verschwinden. Dorthin, wo man ihn weder sieht noch hört: auf den Balkon, in den Kleiderschrank, am besten ins Tiefkühlfach.

Wecker, der: *mechanische Uhr zum Wecken, die aufgezogen werden muß u. zu einer vorher eingestellten Zeit läutet, klingelt od. schrillt*

Leck mich!

Ich trete an den Schalter und verlange eine Briefmarke. Die Postbeamtin legt mir zwei bunte Heftchen vor – Markenset *Leuchtturm* und *Rosengruß* –, jeweils zehn Stück à fünfundfünfzig Cent. Der Rosengruß sei sehr beliebt, versucht sie mir die Ware schmackhaft zu machen. »Einfach abziehen, auf den Umschlag kleben und fertig!«

»Ohne zu lecken?«

»Das sind Selbstklebende ...«

Ich hätte viel lieber eine Marke zum Lecken, aber wie soll ich der Frau das erklären? Am Ende hält sie mich für pervers. Ich habe in meinem Leben unzählige Marken auf meiner Zunge geschmeckt, nicht nur Brief-, auch Konsum- und Solidaritätsmarken, Pionier-, FDJ-, DSF- und DTSB-Monatsmarken und bis vor kurzem noch den Gummirand der Briefkuverts. Nun hat die Leckerei ein Ende, doch mein Gaumen lechzt plötzlich nach der süßen Klebemasse, verlangt seinen täglichen Cocktail.

Ich weiß noch, wie ich mal an einem Tag zweihundert Einladungen zu einem Abend des Kulturbundes verschicken mußte. Zum Glück als Drucksache, so daß die Umschläge offenbleiben durften. Trotzdem, zweihundert Marken zum Wert von fünf Pfennigen, meine Zunge hatte Schwerstarbeit zu leisten. Wenn's wenigstens ein reizvolles Motiv gewesen wäre! Die Eiskunstläuferin Gaby Seyfert, die Fernsehansagerin Fanny Damaschke oder *Korbine Früchtchen* aus der Kinderzeitschrift »Frösi«. Nein, es waren zweihundert graue Walter-Ulbricht-Marken, die ich der Mappe für Bürobedarf entnahm. Jede fünfte blieb am Gaumen kleben, und auf der Zungenspitze bildeten sich Blasen. Meine Zimmergenossin hatte Mitleid und legte mir einen feuchten Schwamm auf den Tisch: »Versuch's mal damit.« Ich konnte nur dankbar nicken, denn ich bekam kaum noch die Zähne auseinander.

Aber was waren schon Ulbricht- oder Adenauer-Marken ... Haben Sie mal eine Briefsendung mit einer monumentalen Lenin-Marke frankiert? Oder mit einem Satz DDR-Olympiamarken? Die größte Herausforderung bestand darin, den sechsstelligen Märchenblock »Tischchen deck dich« auf den Ersttagsbrief zu kleben. Da reichte die Zungenspitze nicht, da war der ganze Lappen gefragt.

Apropos Frankieren: Die Briefmarke ist weltweit auf dem Rückzug, und mit ihr sterben irgendwann auch die Briefmarkensammler aus. Wo wird der Philatelist noch fündig? Auf Briefen und Postkarten, die ja auch merklich aus der Mode kommen, findet sich der farbenfrohe, zackige Aufkleber nur noch selten. Dabei war die Briefmarke mal das Aushängeschildchen der Nation, ein kleiner, bunter Botschafter zwischen den Völkern. Flatterte Post ins Haus, schaute man zuerst auf den Absender, dann auf die Marke. Die Minimotive lenkten das Interesse auf historische Ereignisse oder zeitgeschichtliche Persönlichkeiten und entfachten das Fernweh. Man bekam plötzlich Sehnsucht nach dem Zuckerhut von Rio de Janeiro, der Freiheitsstatue von New York, der Wüste Gobi oder der Kraterlandschaft auf dem Mond. Die Marke veredelte den Brief und verlieh ihm zusammen mit dem Stempel die Aura des Weitgereisten. Als Objekt der Begierde wurde sie ausgeschnitten, in lauwarmem Wasser behutsam vom Papier abgeweicht, getrocknet und wie ein Schatz im Album gehütet – mitunter auch gegen eine andere getauscht. Eines Tages werde ich die letzte ihrer Art auf meine Liste der Dinge, die wir vermissen, kleben, hoffentlich wird es kein Konterfei von Queen Elisabeth oder Angela Merkel sein. Auf amtlichen Postsendungen ist die Briefmarke längst durch die Digitalmarke ersetzt. Die Digitalmarke – igitt! – ist keine Marke, sondern ein geschmackloser Stempelaufdruck, der sich nicht vom Kuvert lösen läßt. Warum auch? Kein Philatelist käme auf die Idee, markenlose Stempelzeichen zu sammeln – Standardmotiv *Port payed* oder *Entgeld bezahlt.* Ach, leck mich! Wenigstens ab und zu möchte man einer Schönen auf den Leim gehen.

Briefmarke, die: *kleines, zumeist gezacktes Papierblättchen mit farbigem Motiv u. festgeschriebenem Postwert auf der Vorder- u. anzufeuchtender Klebeschicht auf der Rückseite, das zur Freimachung von Postsendungen benutzt wird*
Philatelist, der: *jmd., der systematisch Briefmarken sammelt u. postgeschichtl. Dokumente erforscht*

In Timurs Trupp

Kürzlich sah ich in Hanoi eine ältere Frau laut singend mit zwei Körben an der Tragestange durch die Gasse laufen. »Was singt sie da?« fragte ich meinen vietnamesischen Freund. »Das Mütterchen singt nicht«, antwortete er, »es bittet um Flaschen und Altpapier.«

Das haben wir auch getan, damals, Ende der sechziger Jahre, als wir das vietnamesische Volk in seinem heldenhaften Kampf unterstützten. An Pioniernachmittagen zogen wir mit dem Handwagen von Haus zu Haus, klingelten an allen Türen und fragten nach Altstoffen. Wir riefen nicht »Ho-Ho-Ho-Chi-Minh!«, wie die *Achtundsechziger* im Westen, sondern sagten unseren Spruch auf: »Guten Tag, haben Sie leere Flaschen, Gläser oder Altpapier? Wir sammeln für die Kinder in Hanoi ...« Die Leute gaben, was sie in der Kammer oder im Zeitungsständer fanden, einige schlossen ihre Keller auf, wo ganze Regalreihen Flaschen und Gläser vor sich hin staubten. Wir schleppten alles nach draußen und verstauten es in unserem Wagen. »Wer seid ihr?« fragte ein älterer Mann, der uns aus seinem Fenster beobachtete. »Wir sind *Timurs Trupp!*«

»Timur und sein Trupp« hieß ein in der DDR vielgelesenes Kinderbuch des sowjetischen Schriftstellers Arkadi Gaidar. Es handelte von einer Gruppe Jugendlicher, die während des Zweiten Weltkriegs russischen Frauen und alten Leuten helfen, deren Männer und Söhne an der Front kämpfen. Sie kaufen für sie ein, putzen Fenster oder graben den Garten um. Freiwillige Timur-Helfer waren auch wir, wurde doch der Erlös, den unsere

181

Altstoffsammlung erbrachte, aufs Solidaritätskonto überwiesen. Wir kämpften mit Feuereifer, denn wir standen mit anderen Trupps im Wettbewerb; die Siegergruppen wurden fotografiert und an der Wandzeitung veröffentlicht.

Was uns diese Ehrung bedeutete, kann nur ermessen, wer Sylvia gekannt hat. Sylvi war das schönste Mädchen unserer Klasse, ja vielleicht der ganzen Schule, und sie war in unsere Gruppe gelost worden. Außer Sylvi und mir gehörten noch Klaus G. und der kleine Sommer zum Trupp. Wir freuten uns auf jeden Pioniernachmittag, an dem Altstoffsammeln auf dem Plan stand, weil wir uns auf Sylvi freuten; und auch sie genoß die gute Tat, wurde sie doch beim An- und Abmarsch von uns im Handwagen gezogen. Sylvi saß graziös in dem holpernden Gefährt und ließ ihr langes Blondhaar flattern – eine kleine brandenburgische Jeanne d'Arc. In den Mietshäusern trennten wir uns, jeder übernahm eine Etage, das Erdgeschoß gehörte Sylvi. Während man uns Jungs vor der Tür abfertigte, wurde Sylvi in die Wohnung gebeten, wo sie außer Altstoffen oft noch einen Apfel, ein Glas Süßkirschen oder eine Tafel Schokolade bekam, die wir uns später teilten. Obgleich wir in den Stockwerken über ihr zu tun hatten, waren wir immer auf der Hut und rechtzeitig zur Stelle, wenn ein Mann unter dem Vorwand, dort stünden noch ganze Batterien leerer Weinflaschen, mit Sylvi in den Keller wollte. Keinen Moment ließen wir unseren blonden Soli-Engel aus den Augen; wir waren bereit, uns für Sylvi zu prügeln.

Doch noch war der Sieg nicht errungen; vor uns erhob sich als letzte Bastion die von Maschendraht umzäunte SERO-Annahmestelle, in der, von seinem struppigen Köter bewacht, der Altstoffhändler hauste. Das war ein speckiger, grober, nach Fusel stinkender Kerl, der vor allem eins haßte: Junge Pioniere. Jedesmal ließ er uns warten. Wir wußten, daß es pro Glas oder Flasche fünf Pfennige und für das Kilo Altpapier etwas mehr als vierzig Pfennige gab, und überschlugen die Summe im Kopf. Meist versuchte er uns und damit das heldenhafte vietnamesische Volk um ein paar Mark zu prellen, und wenn wir protestierten, ließ er die Hälfte der Gläser stehen mit den Worten: »Erst saubermachen!« Es half nichts, Sylvi mußte die Verhandlungen übernehmen. Wir zerrten den vollen Handwagen aufs Gelände und zogen uns zurück. Aus der Deckung beobachteten wir, wie der Altstoffmann unseren Engel erst ungebührlich musterte und dann näher winkte. Sylvi zeigte keinerlei Scheu, sie lächelte und warf dabei kokett die langen Haare zurück. Fassungslos sahen wir, wie der Kerl nach dem Ausräumen des Wagens seine tätowierte Pranke um Sylvis schmale Schultern legte und das Mädchen in sein Kassenhäuschen schob. Wir bissen die Zähne zusammen und zählten bis zehn. Dann noch einmal. »Los!« schrie plötzlich der kleine Sommer und sprang aus der Deckung. Klaus und ich eilten ihm nach. Doch ehe wir das Tor erreichten, kam uns Sylvi mit dem leeren Handwagen entgegen. Lässig zählte sie uns das Geld auf die Hand – fast die doppelte Summe. »Avanti!« rief sie, setzte sich in den Wagen, und wir jagten mit ihr im Triumphzug durch die Stadt.

Altstoffhändler, der: *Person, die mit leeren Flaschen, Gläsern, Altpapier u. Lumpen Handel treibt*

Was die Stunde schlägt

Es gab eine Zeit, da nannte man die Uhr nicht Uhr, sondern Regulator. Meine Urgroßmutter hatte ein solches Prachtstück an der Wand, und der Regulator hieß nicht etwa so, weil man sich nach ihm richtete, sondern weil er reguliert werden mußte. Zog man sein Uhrwerk nicht rechtzeitig auf, blieben die Zeiger stehen. Meistens hinkten sie dem Tag hinterher. Urgroßmutter wußte nicht, wie man den Perpendikel, das in seiner Länge manipulierbare Pendel, einstellte, damit die Uhr richtig ging. Immer wieder fragte sie mich nach der Uhrzeit, schlurfte zur Wand und richtete sich vor dem hängenden Holzkasten auf. Mit zitternden Händen öffnete sie das Glasfensterchen und schob den großen Zeiger mit dem Finger. Wenn nötig, erhielt auch der Perpendikel einen Schub. Der Regulator tickte und tackte, rasselte und gongte zur halben und vollen Stunde. Ugroßmutter stellte den Gong selbst zur Nachtzeit nicht ab; er hallte durch die dünne Nähkammerwand bis in meine Träume. Undenkbar, daß sie, die tagsüber dauernd einnickte, nachts aber einen Katzenschlaf hatte, von den Tönen nicht geweckt wurde. In meiner Phantasie sehe ich sie rücklings im Bett liegen, umgeben von Jalousiedunkelheit, beim Auszählen der Stunden.

Im Gegensatz zu den hellen, heiteren Gongs des Regulators flößten mir die schweren Schläge der Standuhr in der Wohnung meiner Leipziger Großmutter Angst ein. Oma Lucie war nach dem Krieg mit ihren Kindern und der Familie ihrer Halbschwester in einen leerstehenden herrschaftlichen Altbau eingewiesen worden. Die Vormieter hatten sich in den Westen abgesetzt und das Monstrum, in dem ein untertassengroßes Messingpendel schwang, zurückgelassen. Wenn die Uhr nach vorangegangenem kurzen Rasseln schlug, bebte der Tisch und zitterten die Gläser im Schrank. Der Uhrenkasten war so groß, daß darin ein Geißlein bequem hätte überwintern können. Eine Zeit lang versteckte Charlie dort seine Schnapsflasche. Charlie war der Nachfolger meines früh verstorbenen Großvaters. Lucie, eine kernige und geschäftstüchtige Frau, hatte ohne Mann nicht leben können und sich jeden Sonntag aus ihrem weitläufigen Bekanntenkreis einen neuen Anwärter auf den Ehestand zum Familienkränzchen eingeladen. Meist fragte sie hinterher ihre Halbschwester, was sie von dem Kerl halte. Nachdem ein Dutzend Kandidaten durchgefallen war, saß eines Nachmittages Charlie am Kaffeetisch, und meine Großmutter entschied, ohne das Urteil ihrer Halbschwester abzuwarten: »Diesen Mann liebe ich, den nehme ich!«

Charlie, eigentlich Josef P., war ein schmächtiger, einarmiger Invalide mit Schnurrbärtchen und Seehundsblick. Er vermochte Lucies Liebeshunger nicht zu stillen, doch er war ein treusorgender Haus- und Familienvater. Daß er an der Flasche hing, wurde erst später sichtbar. Mehrmals am Tag zog Charlie die mit gußeisernen Zylindern beschwerte Kette der Standuhr auf. Als das Schnapsversteck aufflog und meine Großmutter ihm wegen der Trinkerei Vorhaltungen machte, floh er aus der Wohnung und wurde Tage später sternhagelblau und zerlumpt in einer Mitropa-Gaststätte aufgegriffen. Charlie schämte sich für seine Schwäche. Er kümmerte sich wieder um den Haushalt und brachte uns Enkel mit seinem watschelnden, an Charlie Chaplin erinnernden Gang zum Lachen. Meist hatte er den armlosen Ärmel in die Hose gesteckt. Wochenlang trank Charlie keinen Tropfen – bis er erneut, wie meine Großmutter es nannte, seine *Tour bekam.*

Die Abstände von Tour zu Tour verkürzten sich. Als ehemaliger Eisenbahner betrank sich Charlie ausnahmslos in Bahnhofskneipen, und Lucie wußte, wo sie ihn suchen mußte. Einmal wurde er von einem Streifenwagen der Volkspolizei gebracht. Ein andermal stürzte er betrunken die Treppe auf dem Hauptbahnhof hinunter und landete im Krankenhaus. Dort stellten die Ärzte Leukämie im fortgeschrittenen Stadium fest. Charlie kam wieder nach Hause und brauchte seine Schnapsflasche nicht mehr zu verstecken. Doch selbst im nüchternen Zustand fiel er jetzt häufig um und wand sich in Krämpfen. Meine Großmutter hat auch ihren zweiten Mann bis zum Schluß gepflegt. Nachdem Charlie gestorben war, hörte die Standuhr auf zu schlagen.

Regulator, der: *Pendeluhr mit einem geschlossenen Gehäuse und verstellbarem Pendel*
Perpendikel, der oder das: *(lat. perpendiculum = Senkblei) Uhrpendel*

Die Diktatur der Busfahrer

Ich weiß nicht, wer das Wartehäuschen erfunden hat, ich weiß nur, daß eines an der Bushaltestelle in M. steht, errichtet vor über fünfzig Jahren von den Dorfbewohnern in NAW-Feierabendschichten – wahrlich ein *Nationales Aufbauwerk!* Das Wartehäuschen läßt sich nicht mit einem dieser windschiefen, durchsichtigen Plexiglasgestelle vergleichen, wie sie heute an jedem Haltepunkt in der Landschaft aufgeschlagen und mit schwarzen Papiervögeln beklebt werden, damit sich die richtigen Vögel an der Scheibe nicht den Hals brechen. Unser Wartehäuschen ist ein kleines, gemauertes Domizil mit Dach, Tür, Fenstern und Fahrplan. Es hatte einmal Bänke, auf die sich niemand setzte, und in der Mitte befand sich der Ofen, um den im Winter die Wartenden standen. Der Ofen wurde an kalten Werktagen schon in der Nacht vom Gemeindehelfer angeheizt. Man stand wartend beisammen, einige schwatzten, andere dösten oder starrten mißgelaunt vor sich hin.

Einer mußte bei Wind und Wetter immer draußen warten, auf zumeist ungemütlichem Vorposten unter dem runden gelben Blechschild mit dem grünen H in der Mitte. Er hatte das Nahen der Busse rechtzeitig zu melden. Stand niemand draußen, fuhren die Busse durch. Sie fuhren selten nach Plan. Meistens kamen sie später, was ärgerlich war, mitunter auch früher, worauf man vorbereitet sein mußte, und manchmal fielen sie ganz aus. Schon als Kind begriff ich, weshalb mein Großvater, wenn wir mit dem Bus nach Bitterfeld wollten, mindestens zwanzig Minuten vor der Abfahrtszeit zur Haltestelle aufbrach, obwohl es vom Hoftor bis zum Wartehäuschen ein Weg von nicht einmal zwei Minuten war. Großvater traute den Busfahrern nicht. Hält er, oder hält er nicht? Die Frage wurde jeden Tag rund um die Uhr neu entschieden.

»Der Bus kommt!« Die Wartenden stürzen hinaus. Der Bus hält, der erste reißt die Tür auf: »Nach Bitterfeld?« Der Fahrer schüttelt mürrisch den Kopf. Türe wieder zu. Zurück ins Wartehäuschen. Der Bus braust davon.

»Der Bus kommt!« Alle wieder raus. Diesmal ist es der Bus nach Bitterfeld, doch er ist brechend voll und hält nicht, er rauscht durch.

Der nächste ist nur halbvoll, doch der Fahrer hat schlechte Laune und fährt ebenfalls durch.

Der übernächste ist der Werkbus aus Bad Düben. Der Busfahrer hält zwanzig Meter vor dem Wartehäuschen und nimmt nur die Arbeiter für das Bitterfelder Chemiekombinat mit. Der Rest wartet weiter und steht sich die Beine in den Bauch. So geht das eine geraume Weile: rein ins Häuschen, raus aus dem Häuschen ... Bis der Omnibus mit Fernziel Halle heranbraust, langsamer wird und exakt auf Höhe des Wartehäuschens anhält. Der Fahrer ist gut gelaunt, er flirtet mit einer jungen Blondine, und er ist auch sofort bereit, die Bitterfelder mitzunehmen. Doch leider könne er nicht am Bitterfelder Bahnhof halten, nein, wer zum Zug müsse, solle lieber wieder aussteigen und auf den nächsten Bus warten, der folge in fünf bis zehn Minuten.

Der Hallenser Bus entschwindet, und das Häufchen Bahnreisender verkriecht sich wieder im Wartehäuschen, wo das Feuer im Ofen inzwischen heruntergebrannt ist. Dafür ist die Sonne aufgegangen und blinzelt durch die ungeputzten Scheiben. Sie wärmt das Herz, und wenn der nächste Bus pünktlich kommt, ist wohl auch der Zug noch zu schaffen, vielleicht hat ja die Bahn ein bißchen Verspätung. Aber der versprochene Bus kommt nicht, obwohl er im Fahrplan steht, umgeben von kryptischen Zeichen, einem Kreuz und einem Oval. Das Kreuz erinnert an ein Grab, das Oval ähnelt einem Ei – vielleicht fährt dieser Bus, falls es ihn überhaupt gibt, nur zu Ostern ... Während noch gerätselt wird, nähert sich – »Wer steht eigentlich draußen?« – das lang ersehnte Objekt schließlich doch und donnert vorbei.

Wartehäuschen, das: *zumeist aus Ziegelsteinen gemauertes kleines Gebäude, das Reisende, die auf den Bus od. die Bahn warten, vor Wind u. Wetter schützt*

Die letzte Vorstellung

»Hier ist es gewesen! Siehst du, dort vor den Büschen hat die Leinwand gestanden.«

»Nein, die Leinwand stand auf der anderen Seite ...«

»Aber unser Auto stand so herum.«

»Dann hätten wir doch gar nichts gesehen!«

»Ich habe sowieso nur dich gesehen.«

»Klar, im Dunkeln.«

Wir betrachten den von Gras und Unkraut überwucherten Platz und versuchen uns den Abend in Erinnerung zu rufen: die Zeitungsannonce, die Irrfahrt, das Einparken in die zum Fächer geordnete Blechkarawane. »Car Movie – das alternative Open-air-Kinoerlebnis! Drive in and watch!« ... Anna dreht sich einmal um die eigene Achse und sagt schließlich, keinen Widerspruch duldend: »Da drüben und nirgendwo anders hat die Leinwand gestanden!«

Ich blicke in die Richtung, in die ihr Arm weist, dann in Annas Augen, in denen es streitlustig blitzt, und lenke ein. »Also gut, es war dunkel, und als wir ankamen, war die Vorstellung schon im Gange ...«

»Wir haben den halben Film verpaßt, weil du ewig den Parkplatz nicht gefunden hast«, sagt Anna. »Zum Glück gab es eine Lücke in der letzten Reihe.«

»In der vorletzten. Die letzte war besetzt. Die letzte Reihe im Autokino war immer besetzt, weil einem da niemand durch die Heckscheibe gucken konnte. Das war die *Love Lane* ...«

»Die was?«

»Tu nicht so, als hätten wir uns nie im Auto geliebt.«

»Nicht beim Kino.«

»Dann kannst du dich wohl an den Film noch erinnern?«

»Natürlich: *Schwarze Katze, weißer Kater*.«

»Den haben wir im *Intimes* gesehen.«

»Dann muß es *Italienisch für Anfänger* gewesen sein.«

»Irrtum, es war *Die Legende von Paul und Paula* ...«

»Unmöglich, an die Musik würde ich mich doch erinnern.«

»Die Lautsprecherbox war erbärmlich und hatte einen Wackelkontakt. Ich hatte das Kabel in der Scheibe eingeklemmt.«

»Ich weiß nur, daß ich schrecklichen Hunger hatte«, warf Anna ein. »Hattest du nicht eine Riesenportion Pommes bestellt?«

»Keine Pommes. Sekt und Popcorn. Das Popcorn kullerte noch nach Wochen im Wagen herum.«

»Ich mag gar kein Popcorn.«

»Aber den Sekt hast du getrunken.«

»Prosecco.«

»Rotkäppchen!«

»Mußt du immer streiten?«

»Ich versuche nur, mich zu erinnern.«

»Reich mir lieber die Flasche. Es ist so trocken und staubig hier.«

»Die Flasche ist im Auto.«

»Dann gehen wir doch endlich. Worauf wartest du? Was wollen wir hier überhaupt?«

»Wenn du es nicht weißt.«

»Es ist so lange her ...«

Der Wind zerzaust Annas Haar, und ihr Gesicht nimmt einen milden, wenngleich skeptischen Ausdruck an. »Könnte es nicht ebensogut auf einem anderen Parkplatz gewesen sein? Die sehen doch alle gleich aus.«

»Es war hier, ganz bestimmt. Das erste Autokino in der Prignitz. Und wir haben uns ...«

»Komisch, das mit dem Popcorn hatte ich vergessen. Dafür sehe ich noch vor mir, wie du mir den Prosecco aufs Kleid geschüttet hast.«

»Den Rotkäppchen-Sekt ...!«

Anna schäumt, doch sie braust nicht auf. Mit melancholischem Blick schaut sie einer Staubwolke nach, die über den leeren Platz in die Büsche wirbelt, und fügt versöhnlich hinzu: »Wie auch immer. Eigentlich ganz schön hier. Aber sag mal, bist du wirklich sicher, daß wir schon einmal hier gewesen sind? Ich meine ... Vielleicht haben wir es ja auch bloß auf der Leinwand gesehen.«

«Was?«

«Na, dieses Car Movie.«

Autokino, das: *von einem Amerikaner in den 30er Jahren erfundenes Drive-in-Kino, in dem die Besucher bequem aus ihren Autos das Geschehen auf einer Riesenleinwand im Freien verfolgen können u. bei Bedarf mit Speisen, Getränken u. Warmluft versorgt werden*

Lux der Pazifist

Als im Herbst 1941 in M. der Musterungsbefehl an alle deutschen Schäferhunde erging – genauer gesagt: an alle Dorfhundehalter –, brach im Hause meiner Großeltern Panik aus. Großmutter hatte Angst um ihren Lux. Lux war ein gesunder, kräftiger Rüde, und er war unabkömmlich. Er bewachte nicht nur das Gehöft, sondern ersetzte in der Kleinbauernfamilie auch das Pferd. »Ein Pferd heißt Pferd, weil man damit fährt«, pflegte Großvater zu sagen. Demnach hätte Lux eigentlich Trex heißen müssen, denn er *treckte*. Täglich wurde er vor den Hundewagen gespannt, ein vielseitig verwendbares Transportmittel mit Deichsel, Ladefläche und vier metallbereiften Holzspeichenrädern. Um das Gefährt vom Fleck zu bewegen, bedurfte es eines doppelten Gespanns: Links ging Großvater, zog und lenkte mit der Deichselstange, rechts trabte Lux an der Kette und zog. Mit dem Hundewagen wurde seinerzeit alles befördert, was zum Leben nötig war: Kartoffeln und Kohlen, Futterrüben und Kalk, Kürbisse und Pferdeäpfel. Vor der Heuernte schraubte Großvater den Wagen auseinander, verlängerte den Abstand zwischen Vorder- und Hinterachse und hängte die Leitergitter ein. Lux war vor dem Heuberg kaum zu sehen, aber man hörte ihn hecheln. Nach jeder Fuhre soff er aus der Regentonne. Trotzdem schien dem Hund die Last eine Lust zu sein; wenn der Wagen vom Hof rollte, heulte Lux vor Begeisterung. Die Fuhren führten hinaus in die Welt – mal in die Aue, mal in die Heide, zum Tonloch, um die Asche zu entsorgen, oder zum Wasserholen an die Mulde.

Nun also sollte Lux zum Militär, Rußlandfeldzug womöglich oder Wachdienst bei der SS. Der Hund hatte zur befohlenen Stunde auf dem Stellplatz am Dorfteich zu sein. Doch wie ihn hinführen? Großvater war auf Schicht, und Lux weigerte sich, das Gehöft zu verlassen. Die Anordnung zu ignorieren hätte für meine Großeltern fatale Folgen haben können. Also wurde der Hundewagen aus der Scheune geholt und Lux angespannt, er jaulte vor Vergnügen.

Ab ging die falsche Fuhre, durchs Hoftor und durch die Gasse. Großmutter und mein Vater, damals ein Junge von zehn Jahren, hielten gemeinsam die Deichselstange, doch sie brauchten nicht zu ziehen, sie mußten bremsen. Lux treckte wie wild – nach wenigen Metern verfiel das Dreigespann in Trab, dann in Galopp, daß die Absätze klapperten. Lux hechelte über die Bachbrücke und den Berg hinauf, er wollte in die Dübener Heide. Mit Mühe gelang es Großmutter, die Kurve zum Dorfplatz zu nehmen, wo ein Feldwebel der Wehrmacht es sich hinter seinem Klapptisch bequem gemacht hatte. Davor saßen, von Bauernjungen eskortiert, etwa zwei Dutzend Schäferhunde. Als Lux die Kompanie bemerkte, spitzte er die Ohren und zog das Tempo noch mehr an, jetzt hielt ihn nichts mehr. Im Sturm jagte er auf seine Kampfgenossen zu, die erschrocken aufsprangen und kläffend auseinanderstoben. Erst kurz vorm Teich gelang es Mutter und Sohn, den Wagen zum Stehen zu bringen. Wütend kam der Feldwebel auf sie zu, musterte erst den Hundewagen, der sich mit verdrehter Deichsel im Gras quer gestellt hatte, dann Lux, der ihn mit Schaum vor der Schnauze anknurrte. »Machen Sie mir nicht die Hunde rebellisch!« schrie er. »Schern Sie sich mit dem Köter heim!«

Postum verleihe ich unserem vierbeinigen Pazifisten den Listen-Orden mit Halsband. Lux hat meinen Großeltern und mei-

nem Vater in den Kriegs- und Nachkriegsjahren die Stange gehalten. Im strengen Winter siebenundvierzig zog er den Wagen
über die zugefrorene Mulde, wo Großvater heimlich eine
trockene Pappel gefällt hatte. Gemeinsam schafften sie die Ladung heim. Die besten Pappelstücken wurden nicht verfeuert,
sondern zu Holzpantoffeln verarbeitet. Nach Luxens Tod hat
sich Großvater die *Trecke*, das Geschirr, selbst um die Schulter
gelegt. Und in den Holzpantoffeln bin ich später noch herum-
geschlappt.

Hundewagen, der: *das Wörterbuch führt zwar nur Hunderassen
und -rennen auf; es handelt sich aber um einen größeren Handwagen,
der von einem Hund gezogen wird*

Barbiere sind keine Mörder

Warnung: Der folgende Text ist für Leser unter sechzehn Jahren nicht geeignet! Es geht scharf und blutig zu in unserem Mackie-Messer-Song, dem Hohelied auf ein schnittiges Universalinstrument, das bereits unseren Vorvätern half, sich von einem nachwachsenden Leiden zu befreien. Das Rasiermesser gab dem Bartmann ein Gesicht; man könnte meinen, daß mit der Rasur die Zivilisation begonnen habe, wäre nicht hinterrücks soviel Blut geflossen. Mit dem kleinsten aller Krummsäbel wurden nicht nur Bärte gestutzt und Nacken ausrasiert; das Rasiermesser diente auch zum glatten Durchtrennen von Kehlen und Hälsen, zum Aufschlitzen von Brüsten, Bäuchen und dergleichen – kurz, es hat nicht nur in der Hand des Barbiers, sondern auch in der Gewalt von Lustmördern Karriere gemacht.

Im Alltag leisteten das Rasiermesser und seine jüngere, hauchdünne Edelstahlschwester, die Rasierklinge, nützliche Arbeit. Doch auch bei der Rasur war Vorsicht geboten. Ich sehe meinen halbwüchsigen Schulfreund Andreas S. vor mir, wie er eines Morgens mit zerschnittener unterer Gesichtshälfte zum Unterricht erschien. Wir vermuteten eine Messerstecherei, doch es war unfreiwillige Selbstverstümmelung. Andreas hatte, um seinen Bartwuchs anzuregen, mit dem Naßrasierer des Vaters den Flaum über der Oberlippe und vom Kinn zu entfernen versucht. Im Umgang mit der Klinge noch ungeübt, war er an Pickeln, in den Mundwinkeln und an der Nasenspitze hängengeblieben.

»The First Cut Is The Deepest« heißt einer meiner Lieblings-
songs aus den achtziger Jahren. Schon durch den bloßen Besitz
eines Rasiermessers konnte man sich tief ins eigene Fleisch
schneiden. In Friedrich Dürrenmatts berühmtem Requiem auf
einen Kriminalroman, »Das Versprechen«, muß ein unschul-
diger Hausierer dran glauben. Der arme Mann hat, als er im
Wald zufällig über das Mordopfer – die neunjährige Gritli
Moser – stolpert, neben Putztüchern, Schnürsenkeln, Zahn-
pasta, Zahnbürsten und Seife auch Rasiercreme im Korb. »Ra-
sierklingen?« fragt ihn der Kommissär Matthäi. »Auch, Herr
Doktor.« – »Welche Marke?« – »Gillette.« – »Und weiter?« –
»Küchenmesser, Herr Doktor.« – »Weiter, was noch, außer Kü-
chenmessern?« Da kommt es endlich, stockend, hervor: »Rasiermesser ...« Das kleine Mädchen wurde mit einem solchen
getötet. Schließlich nehmen die Beamten den Hausierer so
lange in die Mangel, bis er die nicht begangene Tat gesteht und
sich in seiner Zelle erhängt.

Ich gewähre dem Rasiermesser in meiner Sammlung der vom
Vergessen bedrohten Dinge Asyl, denn es ist ein Instrument,
das zum Guten wie zum Bösen taugt. Hat mein dreischneidiger
Turbo-Handrasierer etwa mehr Moral? Barbiere sind keine Mör-
der und hierzulande ohnehin längst ausgestorben. Naßrasieren
ist heute nicht mal mehr Bestandteil der Friseurlehre.

Beflissene Dudenredakteure haben deshalb das Klappmesser samt Pinsel bereits ausrasiert. Im Standardwerk der neuen
deutschen Rechtschreibung führt man neben Rasierapparaten
nur duftige Cremes und Wässerchen. Wenigstens findet sich
unter dem Stichwort Barbier (veraltet für Bartscherer) noch eine
Seifenspur zum veralteten Verb *barbieren* (= rasieren). Da fragt
man sich, wie künftige Generationen ihren »Woyzeck« lesen
wollen? Mit dem Trockenrasierer? »Nein, Herr Hauptmann!

197

Wir bleiben bei Seife, Pinsel, Messer, Riemen ...« – »Riemen?«
»Jawohl, Streichriemen, Herr Hauptmann!« – »Woyzeck, mir
wird ganz angst, was meint Er damit ...?«

Das inzwischen völlig vergessene Utensil gehört zu meinen
frühen Kindheitserinnerungen. Der Riemen hing beim *Frisör-
meister* von M. an der Wand und diente zum Schärfen der
Klinge. Während ich auf meinen Fassonschnitt wartete,
schaute ich zu, wie der Pfarrer eingeseift wurde. Der Gottes-
mann lag mit nach hinten gebogenem Kopf im Gestühl, als
sollte er falsch herum guillotiniert werden. Wenn er sprach,
rollte sein Adamsapfel. »Beten Sie schon mal das Vaterunser,
Herr Pastor«, scherzte der Friseur, während er hörbar sein
Klappmesser an dem schmalen Lederstreifen wetzte.

Rasiermesser, das: *zusammenklappbares, sehr scharfes Messer*
Rasierklinge, die: *eckige, hauchdünne Klinge aus Stahl zum Einspannen in den Rasierapparat*
»Woyzeck«: *berühmtes Dramenfragment von Georg Büchner (1813
bis 1837)*

Finnische Zeiten

Im Sommer 2000 saß ich im Olympiastadion in Helsinki und bewunderte den großen Paavo Nurmi. Die sportbegeisterten Finnen präsentierten die erste Lauf-Oper der Welt; sie hatten ihrer Langstreckenlegende ein gigantisches Open-air-Spektakel gewidmet, mit Orchestermusikern, Sängern, Chören und Hunderten von Statisten. Läufer, Turner, Bauern, Hebammen, Feuerwehrleute und skifahrende Soldaten wirkten mit. Ein Schützenpanzerwagen fuhr auf, und zum Ende der Show donnerten zwei Düsenjets im Tiefflug über den Stadionkessel. Der Aufwand war keineswegs übertrieben, immerhin hatte der Finne zwischen 1920 und 1928 bei drei aufeinanderfolgenden Olympiaden insgesamt neun Gold- und drei Silbermedaillen errungen und mehr als zwanzigmal den Weltrekord gebrochen.

Paavo war der Vorläufer und zugleich das charakterliche Gegenteil von Emil, der Lokomotive. Während das tschechische Langstrecken-As Emil Zátopek (vier Olympiasiege, achtzehn Weltrekorde) später wie ein Dampfroß auf der Aschenbahn seine Trainingsrunden keuchte, federte Nurmi leichtfüßig durch die finnischen Wälder. Als *Spartakiadetalent* der siebziger Jahre bewunderte ich Paavos Taktik. Vor jedem Weltrekordlauf zog sich der Finne in die Einsamkeit der Natur zurück. Die klare Luft und die saubere skandinavische Seenlandschaft haben den Olympioniken unschlagbar gemacht.

Von Potsdam aus nahm ich die Verfolgung auf, rannte jeden Nachmittag durch die märkischen Wälder. Der Sandboden federte nur dürftig, und der Wind blies meist von der nahe-

gelegenen Seifenfabrik. Im Frühjahr hatte ich mit Mücken-
schwärmen zu kämpfen, im Sommer bevölkerten Ameisenheere
meine Strecke, und in strengen Wintern verwandelte sie sich in
eine Eisbahn. Ich habe es nie bis aufs Olympia-Treppchen ge-
schafft. Trotzdem bin ich, wenn ich meine penibel geführten
Trainingsprotokolle von damals betrachte, ein klein wenig stolz
auf mich. Nach fünfzehn Kilometern Wald- und Wiesenpiste
stoppte die Uhr bei vierundfünfzig Minuten. Die zehn Kilometer legte ich in knapp sechsunddreißig Minuten zurück.
Meine Stoppuhr kann's bezeugen.

Die Uhr hatte ich für zwanzig Mark einem Mitschüler abgekauft, der mir nicht sagte, woher er sie hatte. Ich wollte es auch
gar nicht wissen. Ich war glücklich, endlich meine Trainings-
zeiten stoppen zu können, band einen Strick an die Uhr und
wickelte ihn mir ums Handgelenk. So konnte das gute Stück,
sollte ich vor Erschöpfung die Faust öffnen, nicht runterfallen.
Es handelte sich um eine Stoppuhr AGAT, *made in USSR*, mit
einem großen Zeiger für die Sekunden und Zehntel und einem
kleinen für die Minuten. Hundertstel maß sie nicht. Auf der
Rückseite hatte mein Mitschüler den eingravierten Namen des
Eigentümers ausgekratzt, allerdings konnte ich noch den An-
fangsbuchstaben erkennen – ein K wie Keding. So hieß unser
Sportlehrer, der seine Stoppuhr vermißte.

Lieber Herr Keding, ich besitze die Uhr noch immer und
halte sie in Ehren, auch wenn ich sie im Zeitalter der elektro-
nischen Zeit- und Pulsmessung nicht mehr benutze. Ihr Lauf-
werk hat mich bis zu meinem sechzehnten Lebensjahr rund
zehntausend Kilometer durch die Mark Brandenburg begleitet.
Und ich hatte die Stoppuhr wieder dabei, als ich, nun ein Hob-
byläufer im Schatten des großen Nurmi, im August 2000 den
Helsinki-Marathon mitgelaufen bin. Nach all den Strapazen

hatte sie einen Einlauf ins Olympiastadion verdient. Der altersschwache Strick und ich hielten durch. Als wir den Zielstrich überquerten, habe ich die Stoppuhr nicht gedrückt, nur gestreichelt.

Stoppuhr, die: *bes. im Sport verwendete mechanische Uhr, deren Uhrwerk durch Druck auf einen Knopf in Bewegung gesetzt u. zum Halten gebracht wird, wobei auch kürzeste Zeiten angezeigt werden*

Knatternder Kentaur

»Meck, meck, Hühnerschreck! Meck, meck, Hühnerschreck!«
riefen die Kinder und rannten neben dem Fahrrad meines Onkels her. Der schmunzelte nur und startete durch. Beim vier-
ten oder fünften Versuch klappte es. Laut knatternd, stob er in
einer Abgaswolke davon.

Mein Onkel war täglich mit seinem Drahtesel auf der Landstraße unterwegs. Er war Filmvorführer in der Kreisstadt und
nicht mehr der Jüngste. Nach der letzten Vorstellung mußte er
noch die Filmrollen zurückspulen, aufräumen, das Licht im
Saal ausmachen und alle Türen abschließen. Dann klemmte er
sich die Fahrradklammer ans rechte Hosenbein und die Aktentasche auf den Gepäckträger, schwang sich auf seinen Drahtesel und radelte heim. Oft gegen den Wind. Er haßte diese
nächtlichen Heimfahrten, und er fluchte, wenn ihn jedesmal
auf halbem Wege der Mühlberg zum Absteigen zwang. Keu-
chend schob er sein Rad die Steigung hinauf. Mein Onkel
kannte nicht nur zahllose Spielfilme – einige sogar in- und auswendig –, er war auch belesen und hatte Humor. »Ein Königreich«, murmelte er, während er schob und vor Anstrengung
schnaufte, »ein Königreich für ein Pferd!« Möglicherweise hat
er das berühmte Shakespeare-Zitat ein klein wenig abgewandelt
und gemeint: »Ein Hühnerreich für einen Hilfsmotor!«

Ob die Werktätigen des Magdeburger Meßgeräte- und Ar-
maturenwerks sein Flehen erhört haben oder von selber auf die
Idee gekommen sind, einen Außenbordhilfsmotor für Pedal-
räder zu entwickeln, läßt sich heute nicht mehr klären. Auf

jeden Fall kam neun Jahre nach Kriegsende der Fahrradan-
baumotor MAW, besser bekannt unter der Bezeichnung *Hühnerschreck*, auf den Markt und entwickelte die Zugkraft eines
Pferdes, vorausgesetzt, man schaffte es, ihn entsprechend der
mitgelieferten Montageanleitung am Rahmen links vom Hin-
terrad zu montieren und in Gang zu bringen. Der Zusatz- oder
Hilfsmotor verfügte über einen 2,3-Liter-Tank, der unterm Sattel befestigt wurde, und war per Gas- und Kupplungsbowden-
zug mit der Lenkstange verbunden. Sein winziger Schalldämp-
fer hatte eher Alibifunktion; der Motor bollerte und lief schnell
heiß, weshalb man ihn auch *Hackenwärmer* taufte.

Bei der Montage half die Nachbarschaft, und als mein Onkel vor seinem Haus zur Probefahrt startete, lief das halbe Dorf
zusammen. Gemäß der Betriebsanleitung öffnete er den Benzinhahn, drehte den Gasgriff auf Vollgas, drückte den Schwim-
mertupfer nieder, stemmte sich in die Pedale, ließ nach einer
Weile die Kupplung kommen und strampelte noch ein
Stückchen mit, bis das Roß auf Touren kam. »Meck, meck, Hühnerschreck ...!« Für die Kinder war es eine Sensation, und mein
Onkel erlebte seinen zweiten Frühling. Wenn er, aufrecht im
Sattel sitzend, die Straße entlanggeknattert kam, drehten sich
die Frauen nach ihm um. »Seht, der flotte Schorsch!« Schorsch
gab Gas, daß das Federvieh links und rechts davonstob, und be-
schleunigte auf fünfundzwanzig Kilometer pro Stunde. Doch es
war ein merkwürdiger Gaul, den er da ritt, ein Kentaur sozusagen – halb Fahrrad und halb Moped. Für den Motor hatte
mein Onkel sechshundert Mark berappt, eine Summe, die er
beim Sprit wieder einsparen mußte, weshalb er das um einige
Kilo schwerer gewordene Fahrrad auf der Heimfahrt vom Kino
die meiste Zeit per pedes vorantrieb und den Zusatzschub erst
vor dem Anstieg zündete. Er ärgerte sich, als nach einigen Mo-

naten der Preis für den MAW-Antrieb um die Hälfte gesenkt wurde. Plötzlich rüsteten auch andere ihr Fahrrad auf, es knatterte überall im Dorf, und die Hühner rannten um ihr Leben.

Der Hühnerschreck war sparsam, er verbrauchte nur etwa anderthalb Liter Gemisch auf hundert Kilometern und hatte dem Motorrad und dem später in Mode kommenden Moped gegenüber einen entscheidenden Vorzug: Der Fahrer konnte die Benzinzufuhr während der Fahrt stoppen, und selbst wenn ihm unterwegs der Treibstoff ausging, kam er immer noch durch Muskelkraft voran. Mit Hilfe des Hühnerschrecks verlängerte sich das Arbeitsleben meines Onkels bis weit übers Rentenalter hinaus; doch nicht der Hilfsmotor, sondern die Eigenbewegung bewirkten letztlich, daß er bei guter Gesundheit die Neunzig überschritt.

Hühnerschreck, der: *besonders bei Landpostboten u. älteren Menschen beliebter Einzylinder-Zweitakt-Fahrradanbaumotor mit ca. 1 PS Leistung bei 3200 Umdrehungen pro Minute*

Urgroßmutters Notate

Links oben auf Urgroßmutters butzenglasverziertem Kleiderschrank hat jahrzehntelang ein kaffeebraunes, speckig glänzen-
des und stark abgenutztes Buch gelegen, ein *Cassa-Buch* mit
großformatigen Seiten. Als Kind sah ich, wie Urgroßmutter hin
und wieder etwas darin notierte. Das Papier des Buches fühlte
sich glatt an, doch es roch, wie alles in Urgroßmutters Stube.
Die blaulinierten und rotgeränderten Seiten waren dicht mit
Tintenstift beschrieben; aus hygienischen Gründen setze ich
diesen Leck-mich-Schreiber nicht auf meine Liste. Der mit der
Zunge zu befeuchtende Stift hinterließ auf dem Papier seine
violette Spur, die blasser wurde, je weiter ich zurückblätterte.

Der Ursprung – wo war er? In meiner Erinnerung gibt es
keine erste Seite. Das Buch fing irgendwo an, mit einem Back-
rezept, einer Rechnung aus dem Konsum oder einem längeren
Zitat aus der Bibel. Urgroßmutter hielt sich streng an Ludwig
Sütterlins Normschrift, und sooft sie die Kladde vor meinen
Augen auch aufschlug, nie vermochte ich die wie gestochen wir-
kenden, verschnörkelten Zeichen restlos zu entziffern. Die
Buchstaben, die wir in der Schule lernten, erschienen mir
schlicht und schmucklos dagegen. Das Cassa-Buch diente als
Urgroßmutters zweites Gedächtnis, denn es speicherte Geburts-
tags-, Hochzeits- und Sterbedaten von mindestens fünf Generationen, dazu in loser Folge Abschriften von Heiratsurkunden
und Taufpatenschaften, zwei stenogrammartige Lebensläufe,
den Entwurf eines Briefes, den sie uns nach Moskau geschickt
hatte, des weiteren Gedichte, Liedstrophen und Grabsprüche.

Die Seiten waren in Spalten unterteilt und die Spalten fett mit *Debet – Cassa-Conto – Credit* überdruckt. Urgroßmutter hat sich darum nicht geschert, sie schrieb quer über die ganze Seite. Irgendwo gegen Ende waren alle Ausgaben aufgelistet, die wöchentlich für die alte Frau getätigt wurden; einschließlich Kaffee und Kuchen ergab das eine Summe zwischen sechzehn und zwanzig Mark. Und jeweils unter dem Datum des 21. Dezember entdeckte ich ein lückenloses Verzeichnis jener Dinge, die ihr zum Geburtstag überreicht worden waren. Auf Unterwäsche und Gebäck, Schürzen, Strümpfe und Apfelsinen folgte mehrmals die Wendung: » ... sowie Birnen und Blumen«.

Galt die Handschrift nicht jahrhundertelang als unsere Visitenkarte? Statt eigenhändig abgefaßter Empfehlungen tauschen wir heute mit Namen, Wohnanschrift, E-Mail-Adresse und diversen Telefonnummern bedruckte Kärtchen. Dabei gibt es nichts Eigenwilligeres als die ureigene Handschrift. Sie variiert nach Stimmung, Laune, Wetter, Seelen- und Gesundheitszustand, und doch ändert sie sich während unseres Lebens nicht, jedenfalls nicht mehr grundsätzlich. Es gibt eine Zeit, in der sie sich herausbildet und formt, später schleift sie sich ab und wird Routine. Trotzdem behält sie ihren Charakter. In meiner Erinnerung entfalten die alten Schriftzeichen magische Kräfte. Mal höre ich Urgroßmutter mit der Malzkaffeebüchse am Küchenspind hantieren, mal sehe ich sie in ihrem Lehnsessel am Fenster sitzen und den Verkehr auf der Dorfstraße beobachten. In einer Vollmondnacht hat sie, Zaubersprüche murmelnd, meinem Vater eine fingerkuppengroße Warze *wegge-pustet*. Die Kladde lag dabei aufgeschlagen auf dem Tisch. Zweifellos bestand ein Zusammenhang zwischen dem Verschwinden der Warze und Urgroßmutters Notaten.

Handschrift, die: *einem Menschen eigene, für ihn charakteristische Schrift, die er, mit der Hand schreibend, zu Papier bringt*
Sütterlinschrift, die: *von Ludwig Sütterlin (1865–1917) erfundenes, von 1915 bis 1941 an preuß. Schulen gelehrtes Normalalphabet für dt. u. latein. Schrift*

Haste ma 'ne Westmark?

Wenige Tage vor der Währungsunion kehrte ich aus China zurück und wurde auf dem Flughafen Berlin-Schönefeld fröhlich empfangen. Meine Frau und meine Schwägerin hatten auf die verspätete Maschine gewartet und währenddessen an der Bar diverse Cocktails getankt. Kichernd zeigten sie mir die Rechnung, die astronomisch hoch war. Dem Taxifahrer, der uns nach Karlshorst chauffierte, überließen sie acht Mark Trinkgeld. Mir blieb vor Überraschung die Luft weg: »Warum werft ihr das Geld auf die Straße?« – »Wird sowieso bald umgetauscht«, bekam ich zur Antwort.

Am nächsten Tag fuhren wir zu dritt nach Charlottenburg: meine Frau, unser sechsjähriger Sohn und ich. Die S-Bahn-Karte lösten wir in Karlshorst. Als sich der Triebwagen nach kurzem Halt am Bahnhof Friedrichstraße wieder in Bewegung setzte, bekam ich plötzlich Herzklopfen. Es war unsere erste Fahrt in den Westen, und wir hatten keine Westmark. Meine Frau beruhigte mich: »Wir kriegen doch unser Begrüßungsgeld.«

Doch wer zu spät kommt, den bestraft das Leben. Keine Trabi-Kolonnen auf der Straße, kein jubelnder Empfang. Niemand ließ Sektkorken knallen und rief: »Wahnsinn!« Vorm Bahnhof Zoologischer Garten lungerten Kinder herum. Als ich die Kamera hob, um ein Foto zu machen, sprang ein Bürschchen auf mich zu: »Sind Sie von der Sitte?« – »Nein«, erklärte ich, »ich bin aus dem Osten.« Das Bürschchen musterte mißtrauisch meine *Praktica*, während sich seine Freundin für die

Handtasche meiner Frau interessierte. Im Nu waren wir von der ganzen Horde umringt. Um sie loszuwerden, fragte ich: »Wo gibt's denn hier das Begrüßungsgeld?« Wir warteten die Antwort nicht ab.

Am Ku'damm verlangsamten wir den Schritt. Charlottenburg ähnelte einem Nobelvorort von Shanghai, nur daß wir hier die Reklame lesen konnten. Zwischen Kaufhäusern und Restaurants lockten Schallplatten-, Buch- und Fotoshops. Wir schauten kurz ins *Café Kranzler*, doch Harry Juhnke war nicht da. Am Gemüsestand um die Ecke gab's Bananen. Gern hätte ich der Händlerin eine Staude abgekauft, aber die Frau lächelte nur, als ich ihr den Schein mit dem Karl-Marx-Kopf zeigte. Inzwischen hatte unser Sohn vor einer italienischen Eisdiele Wurzeln geschlagen und musterte die bunte Palette. »Warte, bis wir unser Begrüßungsgeld haben«, vertrösteten wir ihn.

Ich fragte einen älteren Türken, der in einer Imbißbude Lotterielose verkaufte, wo man das Begrüßungsgeld bekommt. »Bei mir nicht«, knurrte er. Sein Kumpel setzte die Bierflasche ab und rief: »Haut ab! Macht euch rüber!« Unser Sohn starrte auf die riesige Schöller-Eis-Werbung an der Kaufhauswand. Im selben Moment blieb eine Dame, die ihren Pudel ausführte, neben uns stehen, weil der Hund sein Geschäft verrichtete. »Begrüßungsgeld? Ach, Sie sind von drüben. Versuchen Sie es mal im Rathaus oder auf der Bank«, riet sie freundlich und sammelte mit einem Schippchen den Pudelschiß in die Tüte.

Im Rathaus war bereits Feierabend, und vor der geschlossenen Bankfiliale standen bloß Geldautomaten. Wir hatten plötzlich keine Lust mehr, die Sport- und Jeansläden und das *Kaufhaus des Westens* zu besuchen. Statt dessen liefen wir eine Runde durchs Wachsfigurenkabinett – bei freiem Eintritt, unsere Ostmark durften wir behalten –, und mit Einbruch der Dämme-

rung trotteten wir zum Bahnhof Zoo zurück, wo ich die Schwarz-
geldwechsler vermutete. Ich sprach ein paar Leute an. »Eins zu
zehn«, bot ich und erhöhte: »zwölf, vierzehn, zwanzig ...« Die
Männer lachten. »Wann kriege ich endlich mein Eis?« jammerte
unser Sohn, während ein Schäferhund an meinen Hosenbeinen
schnüffelte. Das Tier gehörte zu einem jungen Typen mit Nieten-
jacke und Irokesenschnitt, der es sich neben dem Blumenladen
auf dem Fliesenboden bequem gemacht hatte. »Verzeihung, hätten Sie vielleicht eine Mark? Unser Kind würde gern ein Eis essen ...« Dem Burschen klappte vor Überraschung der Unterkie-
fer runter, Zahnlücken wurden sichtbar. »Nee«, nuschelte er,
»brauch ick selber.«

Begrüßungsgeld, das: *einmaliges Geldgeschenk der deutschen Bun-
desregierung in Höhe von 100 DM für jeden einreisenden Bürger der
DDR (galt nur bis zum 1. Juni 1990, dem Tag der Währungsreform)*

Damals hinterm Mond

»Liebe Leute, laßt euch sagen: Die Uhr hat zwölf geschlagen!«
Zöge heute jemand nachts durch die Straßen, um lauthals Mit-
ternacht zu verkünden, man würde ihn wegen nächtlicher Ruhe-
störung anzeigen. Dabei waltete der Nachtwächter noch bis in
die zweite Hälfte des zwanzigsten Jahrhunderts offiziell seines
Amtes. Nach Einbruch der Dunkelheit lief er durchs Dorf oder
durch die Kleinstadt, jederzeit bereit, bei Überfällen oder Brän-
den Alarm zu schlagen.

Wir hatten sogar einen Nachtwächter in der Familie. Er hieß
August, stammte aus dem Heidedörfchen Krina und soll ge-
nuschelt haben. Ich lernte ihn nie kennen, aber stellte ihn mir
als einen Mann mit Mantel, Schlafmütze und Laterne vor. In
meiner kindlichen Phantasie trug August auch noch eine Wä-
schestütze über der Schulter, denn in *Kriene*, behauptete mein
Großvater, schoben sie den Mond mit der Stange.

In Wahrheit hatte August weder Zipfelmütze noch Laterne,
nur ein uraltes, verbeultes Horn. Als Schäfer verbrachte er die
meiste Zeit auf der Weide. Nachts tappte er mit der Taschenlampe durchs Dorf, behielt die Kirchturmuhr im Auge und
blies zu jeder vollen Stunde. »Hurch, unse Augusts Tute tat
tuten!« Urgroßmutter konnte beruhigt einschlafen. Solange
August in M. umging, blieb der Ort von größeren Katastrophen
verschont. Während der letzten Kriegsmonate achtete August
streng darauf, daß nachts die Fenster verdunkelt wurden. Später betätigte er sich auch als Ausrufer. Er fuhr mit dem Fahrrad
von einem Dorfende zum anderen und stieß in sein Horn, um

die Ankunft der Dreschmaschine, eine Hochzeit, eine Taufe oder die Ausgabe der Lebensmittelkarten zu verkünden. Längere Bekanntmachungen gingen im Nuschelton unter.

Tuten-August starb vor meiner Geburt. Als Kind wurde ich in Moskau mit einer ganz anderen Art von Nachtwächtern konfrontiert. Ich hatte großen Respekt vor den *Babuschkas*, die unser Hochhaus bewachten. Die alten, runzeligen Frauen mit ihren grauen Kopftüchern, Mänteln und Filzstiefeln hockten wie Mumien im Verschlag neben dem Fahrstuhl und paßten auf, daß sich kein Vagabund auf den Dachboden schlich. Das war in den frühen sechziger Jahren. Vermutlich belauern die Babuschkas den Lift noch heute, obwohl dieser, schon damals äußerst klapprig, sicher längst seinen Geist aufgegeben hat. Und was ist aus den *Deshurnajas* geworden, jenen weitaus jüngeren und freundlicheren Etagenfrauen, die in den sowjetischen Interhotels die Tag- und Nachtwache hielten? Die Damen haben nicht nur Tee gekocht, sondern gegen ein entsprechendes Trinkgeld auch Bier, Wodka und Rum herangeschafft, und sie sollen sogar Straßenmädchen besorgt und über all dies und noch einiges andere gewissenhaft Buch geführt haben.

In den siebziger und achtziger Jahren verschwand der Nachtwächter aus meinem Gesichtskreis. Gelegentlich sah ich noch einen in einem Betrieb, wo er die Pforte oder das Materiallager bewachte. Zumeist hatte er sich mit Thermoskanne und Brotbüchse in seinem hell erleuchteten Kabuff verschanzt, war in ein Buch vertieft oder guckte Fernsehen. Ein Kommilitone von mir besserte sich so sein Stipendium auf. Nachts büffelte er im Pförtnerhäuschen des VEB Jenapharm, und bei Tag lief er mit dunklen Augenringen umher und schlief in den Vorlesungen ein. Nein, die Nachtwächter sind nicht entschlafen, sie haben nur ein Nickerchen gemacht. Jetzt tauchen sie plötzlich in größerer

Zahl und veränderter Gestalt wieder auf. Als Angestellte privater Wachdienste laufen sie zu zweit oder mit einem Hund an der Leine Streife, fahren in der U- und S-Bahn mit und nuscheln in ihre Walkie-talkies. Der neumodische Nachtwächter trägt schnittige, dunkle Uniform, Knüppel und Barett und hat den scharfen Wir-sorgen-für-Ordnung-Blick.

Ach, du lieber Augustin, wo bist du hin ... Manchmal geschehen noch Zeichen und Wunder. Eines Nachts um zwei piept plötzlich mein Handy, und auf dem Display erscheinen die Worte: »Du mußt jetzt die Uhr auf Winterzeit umstellen!« Deine Anna-Augustina.

Nachtwächter, der: *in Gemeinden u. kleineren Städten angestellter Wächter, der während der Nacht in den Straßen für Ruhe sorgt u. rufend od. singend die volle Stunde verkündet*
Ausrufer, der: *jmd., der öffentliche Bekanntmachungen lauthals kundtut*

Nicht über den Strich schreiben!

Sie war ein Angriff auf die Diskretion. Bis zu ihrem Erscheinen wurden Postsachen nur in mehr oder minder sicherer Verhüllung überbracht: gefaltet, geschnürt und gesiegelt, schließlich im geschlossenen Kuvert. Die Postkarte dagegen transportierte die persönliche Botschaft für jeden sichtbar an der Oberfläche; würde, so mußte sich der Absender plötzlich fragen, der Zusteller seine Neugier im Zaume halten? Wer las alles mit? Der Ehemann, die Frau, die Schwester, die Schwiegermutter, die Kinder, die Nachbarn, die halbe Betriebsbelegschaft oder gar das ganze Dorf? War das *Postblatt*, wie die Karte ursprünglich hieß, vielleicht gerade deshalb so beliebt, weil es so viele an seinem Textinhalt teilhaben ließ? Eine Urlaubskarte ging von Hand zu Hand oder wurde für jeden sichtbar an die Wand gepinnt. Klar, daß, wer etwas im Schilde führte, seine Worte mit Bedacht wählen oder gar verschlüsseln mußte ...

Urgroßmutter freute sich über jede Zeile. Sie benötigte keinen Briefkasten, sie ließ sich die Post durchs Stubenfenster reichen.

»Eine Karte von Ihrem Enkel aus Moskau, Frau F.!«

»Ach. Was schreibt er denn?«

»Ich lese mal vor: Auf dem Roten Platz scheint die Sonne, in den Küchenschränken tummeln sich die Schaben, und unsere Hündin Rositschka ist an der Staupe eingegangen ...«

»Ist es denn in Moskau so trocken?«

Postkarten mit gedruckten Linien, Ranken und Blumen, vorgezeichnetem Adreßfeld, aufgeklebter oder aufgedruckter Marke füllten mehr als hundert Jahre lang die Postkästen, passierten Postämter, wurden sortiert, gestempelt und säckeweise in die Welt versandt. Ihre veredelte Variante, die Ansichtskarte, erfreute zudem das Auge. Der Kartenschreiber konnte rasch und ohne große Mühe seiner Pflicht, die lieben Anverwandten zu grüßen, Genüge tun. Etwa aus dem Ferienlager an der Ostsee.

»Eine Buntpostkarte von Ihrem Urenkel, Frau F.!«

»Ach. Was ist denn da drauf zu sehen?«

»Der Badestrand von Heringsdorf.«

»Lesen Sie mal vor!«

»Liebe Urgroßmutter! Mir geht es gut. Das Wetter ist prima. Heute mittag gab es ...«

»Ja, was denn? Hering vielleicht?«

»Tut mir leid, Frau F., das hat wohl nicht mehr draufgepaßt.«

Ein Nachteil, der zugleich ihr Vorzug war: Die Postkarte bot nur wenig Platz, und je größer die Buchstaben, desto schneller war sie voll. »Viele Grüße, Dein ...« hatte ich an den Rand gequetscht. Wer mehr mitteilen wollte, als das die Hälfte der Kartenfläche ausmachende Schreibfeld faßte, schrieb auf der rechten Seite weiter, um das Adreßfeld und die Marke herum, was eigentlich nicht erlaubt war und vom Briefträger auch nicht gern gesehen wurde, denn es erschwerte ihm die Arbeit. »Nicht über den Strich schreiben!« – ob dieser Aufdruck nur auf preußischen Karten stand?

Diederich Heßling, der Held in Heinrich Manns Roman »Der Untertan«, träumte davon, Direktor einer Großfabrik von Ansichtskarten zu werden. Es war die Zeit, da die Wanderfotografen von Dorf zu Dorf zogen und jede Gemeinde ihre Kirche samt Spritzenhaus und Feuerlöschteich auf Postkarten verewigt sehen wollte. Einen traurigen Höhepunkt der Kartenflut brachte der Krieg. Heerscharen von Feldpostkarten wanderten von allen Fronten ins Hinterland. Die Feldpostkarte war portofrei und wurde vom Kompaniechef mitgelesen, der darüber wachte, daß sie keine Militärgeheimnisse verriet. Es versteht sich von selbst, daß Ansichtskarten aus aller Welt gesammelt und Postkartenschreibvereine gegründet wurden, deren Mitglieder sich gegenseitig mit Kartengrüßen beglückten. Wer weiß, welche Leidenschaften das digitale Grußversandnetz noch in uns wecken wird. Von Handy und Computer aus bequem zu verschickende Bildmitteilungen haben die Postkarte bereits verdrängt. Aber was ist schon das Löschen eines E-Mail-Ordners gegen das Verbrennen einer Liebesbrief- und Postkartensammlung?

Postkarte, die: *von der Post zur Vereinfachung des briefl. Verkehrs zugelassene offen einsehbare Karte von bis 16,2 cm Länge u. 11,4 cm Breite; in Deutschland 1870 als »Correspondenzblatt« eingeführt*

Gräupchen, mein Täubchen!

»Hallo, ich bin's, Anna. Weißt du, was ich beim Aufräumen gefunden habe?«

»Laß mich raten: einen Schokoladentaler, eine Zahnpasta-
tube, eine herrenlose Socke ...«

»Meine Bestecktasche.«

»Wie sieht sie aus?«

»Rotblau geblümt, mit Druckknopf. Es ist sogar noch ein
Geschirrtuch drin.«

»Benutzt du sie etwa noch?«

»Manchmal, wenn ich verreise ...«

Anna hat recht. Die Bestecktasche hat es nicht verdient, un-
beachtet in einem Winkel zu versauern. Jahrelang hat sie uns
zum Schul-, Ferienlager- und Kantinenessen begleitet. Ich weiß
nicht, wo meine abgeblieben ist, vermutlich habe ich sie am
Tage meiner Entlassung aus der Armee in der Ilse versenkt. Wir
fuhren auf dem LKW zum Bahnhof, und als der Fahrer laut
hupend eine Abschiedsrunde durch den Kompaniestandort
drehte, flog über Bord, was an die vergeudeten achtzehn Monate erinnerte.

Ich hatte meine Bestecktasche als *ABC-Schütze* mit der
Zuckertüte bekommen. Ich mochte ihre gesteppte Oberfläche
und fand, daß sie sich wie Samt anfühlte. Die Innenseite war
mit Kunststoff ausgekleidet und abwaschbar. In dieses praktische Behältnis gehörten Messer, Gabel und Löffel, die ich unserem Besteckkasten entnahm. Trügt meine Erinnerung, oder
waren Messer in der ersten Klasse tatsächlich schon erlaubt?

Wenn am Wochenende Besuch kam, der zum Mittagessen blieb, mußten mein Bruder und ich unser Besteck wieder aus dem Ranzen holen. Manchmal klebte noch ein Rest Sauerkraut oder Senfsauce daran. Natürlich gab es im Speiseraum unserer Schule ein Spülbecken, doch dort herrschte zur Essenszeit großes Gedränge, und wenn man nicht rechtzeitig kam, floß nur noch lauwarmes Wasser aus dem Hahn.

Wahlessen kannten wir nicht. Die Portion kostete fünfundfünfzig Pfennige, und der Speiseplan hing eine Woche im voraus aus. Man brauchte gar nicht hinzusehen. Weil die aus dem Wochenende kommenden Küchenfrauen keine Lust zum Kartoffelschälen hatten, gab es montags immer Makkaroni mit Tomatenmehlsauce. Dienstags roch es nach Fischstäbchen oder mariniertem Hering. Mittwochs gab es Rührei mit Spinat, donnerstags Jägerschnitzel oder Königsberger Klopse. Freitag war Suppentag, da gab's die Reste. Als Gemüsebeilage stritten dicke Möhren, breiiger Blumenkohl sowie Weiß- und Rotkohlrohkost um den Platz im Abfalleimer. Hauptvitaminspender waren Rhabarberkompott und Rote Bete. Einige meiner Mitschüler ließen sich lieber von Muttern bekochen. Da ich von Hause aus gewohnt war zu essen, was auf den Tisch kam, fand ich keinen Grund zu mäkeln. Ich verdrückte alles, was die volkseigenen grünen Thermokübel hergaben, selbst Lungenhaschee und *Tote Oma*, wohinter sich zermatschte Blutwurst verbarg. Bei Milchreis mit Zucker, Zimt und

Apfelmus langte ich mehrmals zu. Als ich einmal um die dritte Portion Salzkartoffeln mit Hühnerfrikassee bat, steckte eine der Küchenfrauen ihren Kopf durch die Luke und musterte mich von unten bis oben: »Mein Gott, bist du lang, du kannst ja aus der Dachrinne saufen!«

Doch ich war spindeldürr und genoß von Stund an die mütterliche Fürsorge des Küchenpersonals. Schon wenn ich mich der Essensausgabe näherte und fragte, was es denn heute Schönes gebe, schlug mir ein fröhliches »Gräupchen, mein Täubchen!«, »Rippchen, mein Schnippchen!« oder »Eins, zwei, drei, Kartoffelbrei!« entgegen. Immer bekam ich zwei Spiegeleier auf den Plasteteller statt nur eines, und zum Nachschlag wurde mir eine zusätzliche Portion Rote Grütze oder Schokoladenpudding mit Vanillesauce zugeschoben. Hatte ich meine Bestecktasche vergessen, borgten mir die Frauen ein Aluminiumbesteck. Zwar sah mein Alulöffel manchmal aus, als hätte der TV-Parapsychologe Uri Geller damit experimentiert, und ich mußte aufpassen, daß sich beim Stippen die Gabelzinken nicht verbogen. Doch satt geworden bin ich allemal.

Bestecktasche, die: *verschließ- u. auswischbares Behältnis aus Stoff od. Kunststoff für das persönliche Eßbesteck*
Schulspeisung, die: *staatlich subventionierte warme Mahlzeit für Schüler, die in der Schulküche gekocht od. aus der Großküche angeliefert wird*

Schlossers Werk und Teufels Beitrag

Gott schuf den Schlosser, und jener fertigte das Türschloß samt Schlüssel, damit die Privatsphäre der Menschen geschützt bleibe. Da kam der Teufel und bohrte ein Loch hinein.

Das Schlüsselloch hatte die Form eines Kegelmännchens; der Kopf war für den Schlüsselstab, der Rumpf für den Bart. Das menschliche Auge paßte sich dem Schlüsselloch an und konnte sich nicht satt sehen. So hatte der Teufel über Jahrhunderte seinen Spaß. Doch hatte er seine Rechnung ohne den Schlossermeister gemacht. Jener pfriemte und feilte weiter und fertigte das Sicherheitsschloß, das kein Loch mehr, sondern nur noch einen Schlitz ließ. Er erfand Auto- und Garagentürschlösser, die sich per Fernbedienung wie von Geisterhand öffnen ließen, und schließlich die praktischen Magnetcodekarten für den Hochsicherheitskomplex und die Hotelrezeption. »Ihr Zimmerschlüssel, Sir!« – bald wird dies nur noch eine Wendung in historischen Romanen sein.

In unserer durch Schließsysteme verriegelten Welt gilt das Schlüsselloch längst als Sicherheitsrisiko, und damit hat auch der gute alte *Dietrich*, das Universalinstrument des klassischen Einbrechers, ausgedient. Eingebrochen wird noch immer, doch der Schlüssellochblick ist passé. Er war eine stete Verführung, und bis heute haftet ihm etwas Unanständiges, Unzüchtiges, ja Verruchtes an.

Dabei zwang er den Beobachter zur Demut. Da sich Schlüssellöcher in Hüfthöhe befanden, mußte man sich bücken oder niederknien, und immer sah man nur einen Ausschnitt. Spekulationen, Verwechslungen und Psychosen wurden dadurch Tür und Tor geöffnet. Das Schlüsselloch hatte aber auch eine Ventilfunktion. Ohne nicht hin und wieder einen verbotenen Blick zu riskieren, wären wir wahrscheinlich vor Neugier geplatzt. Weihnachten vor allem. Der Baum war geschmückt, doch die Stube bis zur Bescherung für meinen Bruder und mich tabu. Hinter der Tür hörten wir die Eltern rascheln und flüstern. Natürlich steckte der Schlüssel von innen. Mit einem Stück Draht schoben wir ihn vorsichtig aus dem Schloß und ließen ihn auf den Teppich plumpsen. Der Blick ins Geschenkeparadies war frei. Ich sah einen Baukasten und zwei Paar neue Schlittschuhe, mein Bruder entdeckte die erträumte Diesellok mit den silbernen Schnellzugwagen. Der Rest lag außerhalb unseres Blickwinkels, und abwechselnd verdunkelten Mutters Rücken und Vaters Hintern die Szene. Ob die Eltern ahnten, daß wir sie beobachteten? »Kindlein bleib vom Schlüsselloch,/ das Christlein, das sieht es doch«, heißt es in einem Kinderlied. Wir hatten keinen Respekt vorm Christkind, fürchteten nur die Haselrute des Weihnachtsmannes, der Vaters russische Schapka trug, doch der erwischte uns nicht. Ein paar Jahre später probierte ich es auf dieselbe Weise, als die Freundin meines drei Jahre älteren Bruders bei uns duschte. Der Schlüssel fiel klirrend auf die Badfliesen. Eh ich mich versah, flog die Tür auf, und ich spürte den Seiflappen im Gesicht.

Schlüsselloch, das: *Öffnung im Schloß zum Hineinstecken des Schlüssels; auch beliebte polit. Kolumne in der Thüringischen Landeszeitung (TLZ)*

Dietrich, der: *Bez. für einen Schlüssel, der alle Schlösser (ausgenommen Sicherheitsschlösser) öffnet; herstellbar aus einem gebogenen Stück Draht*

»Man muß sich die Kunden des Aufbau-Verlages als glückliche Menschen vorstellen.«

SÜDDEUTSCHE ZEITUNG

Streifzüge mit Büchern und Autoren:
Das Kundenmagazin der Aufbau Verlagsgruppe erhalten Sie kostenlos in Ihrer Buchhandlung und als Download unter www.aufbau-verlag.de. Abonnieren Sie auch online unseren kostenlosen Newsletter.

aufbau
VERLAGSGRUPPE